学校体育政策比较研究

张文鹏　著

人民体育出版社

图书在版编目（CIP）数据

学校体育政策比较研究 / 张文鹏著. -- 北京 ：人民体育出版社，2024

ISBN 978-7-5009-6121-5

Ⅰ. ①学… Ⅱ. ①张… Ⅲ. ①学校体育－政策－对比研究－世界 Ⅳ. ①G807

中国版本图书馆 CIP 数据核字（2021）第 260436 号

*

人民体育出版社出版发行

北京中科印刷有限公司印刷

新 华 书 店 经 销

*

710×1000　16 开本　10.75 印张　179 千字

2024 年 12 月第 1 版　2024 年 12 月第 1 次印刷

*

ISBN 978-7-5009-6121-5

定价：55.00 元

社址：北京市东城区体育馆路 8 号（天坛公园东门）

电话：67151482（发行部）　邮编：100061

传真：67151483　邮购：67118491

网址：www.psphpress.com

（购买本社图书，如遇有缺损页可与邮购部联系）

序

PREFACE

自2012年仲秋踏入体育政策研究的大门算起，笔者在高校从事体育政策教学与科研工作已有11个年头。如果从大学本科、研究生期间依据个人兴趣爱好开始阅读公共政策、公共管理方面的书籍算起，笔者与公共政策结缘已有20多年了。但笔者从公共政策视角真正切入体育领域，并重点关注体育领域的政策问题，是从2012年到华中师范大学攻读博士时在恩师王健教授指点下开始的。十余年来，笔者坚持围绕体育政策进行系统研究，并发表了一系列有关体育政策方面的文章。幸运的是，笔者首篇体育政策方面的研究成果即被学科权威期刊《体育科学》录用并发表，这无疑增加了笔者致力于从公共政策视角探索体育领域政策问题的信心。随后，笔者又持续不断地发表了一系列体育政策方面的研究论文，还主持和完成了包括国家社科基金一般项目、国家社科基金教育学一般项目、国家社科基金重大招标子项目、省部级重大重点项目在内的体育政策方面的科研项目等20余项，其中多项科研项目还获得了有关部门的“优秀”“良好”等级鉴定。与此同时，笔者以第一作者身份完成的体育政策方面的多个研究成果有幸连续三次荣获省级哲学社会科学优秀成果奖二等奖，一次有幸荣获教育部第九届高等学校科学研究优秀成果奖（人文社会科学）青年成果奖。

事实上，尽管笔者已围绕体育政策进行了持续深入的研究，其中也积累了些许经验与体会，但仍深感自己学识浅薄，难以产出更好、更高水平的经典传世之作。因此，亟须学界更多的青年才俊加入体育政策研究的广阔天地，笔者也渴望与学界致力于体育政策研究的青年才俊一起努力探讨新时代我国体育领域的诸多政策问题。本书是笔者在博士后出站报告的基础上，补充新增了新时代学校体育治理章节后形成的一本专著。由于笔者才疏学浅和能力有限，本书肯定存在这样或那样的问题。笔者诚挚欢迎学界各位同仁批评指正。对学界同仁的任何批评指正，笔者都不胜感激、虚心接受和感恩前行。如果从纯粹的个人功利主义角度出发，出书对笔者而言已没必要。因为，笔者近无职称评审的压力，远无合同聘期考核的任务需求。出书对笔者而言已不是内在的刚需，而是为了求教于更多的学界同行，希望与学界青年才俊一起交流和推动新时代我国体育政策研究的向好发展。

新时代，体育政策研究的主题领域、细分方向、研究内容、研究视角、研究尺度、研究方法在公共政策母学科及其他学科的深度影响下迅速多元化和不断深化。尽管新时代的体育政策研究持续深入发展，但从比较视角出发研究不同国别的体育政策问题仍然需要关注。基于此，本书主要从政策比较的视角对中、英、美、德、日、澳学校体育政策进行了探讨。

本书共六个章节。第一章介绍了问题由来、国内外研究综述、研究对象与方法。第二章从治理体系视角对中、英、美、德、日、澳的学校体育进行了比较研究，发现了不同的经济、政治及社会文化环境形塑了不同的学校体育治理方法、路径与体系，但体育课程学习、课余体育活动、课余体育训练及课余体育比赛是中、英、美、德、日、澳学校体育治理体系的相似之处，而校内体育的目标任务、课程内容理念、课余体育内容形式及校外体育活动和校外体育的运行机制存在明显区别。第三章从政策目标视角对中、英、美、德、日、澳的学校体育进行了比较研究，发现学校体育政策目标是对未来一段时期内学校体育发展进行的总体考量与战略部署，它决定了学校体育的发展方向。中、英、美、德、日、澳学校体育政策的战略目标相似，都是通过学校体育政策的实施和干预，促进青少年的体质健康，进而提升本国未来的国际竞争力，但上述各国学校体育政策的行动目标在关注内容、关注重点、政策主题、政策内容、政策形式等方面存在明显的不同。第四章从政策工具视角对中、英、美、德、日、澳学校体育进行了比较研究，发现学校体育政策工具是实现学校体育政策目标的主要方式，也是学校体育治理体系和政策体系的基本要素，能够不断推动学校体育治理走向最优化和良性运行。从强制性工具、混合性工具及自愿性工具三个维度的比较来看，中、英、美、德、日、澳学校体育政策工具选择的范围、形式及组合存在明显不同，但透过法律、标准、课程、计划等对学校体育进行治理又是各国学校体育政策工具选择的相似之处。第五章是对中、英、美、德、日、澳学校体育政策进行比较研究后的启示，即推进学校体育融入教育、党委和政府评价体系、构建与学校体育发展相匹配的资源要素新体系、形成学校体育治理的法制新体系是新时代学校体育走向良性治理的筑基工程。推动学校体育政策目标丰富化是凝聚社会共识、形成合力与协同促进新时代学校体育发展的新要求。推出学校体育政策的新工具是实现新时代学校体育治理体系和治理能力现代化的“顶梁柱”，打出学校体育政策工具的组合拳是彰显学校体育治理效能的“压舱石”。第六章提出了新时代推动学校体育治理现代化的两个路径：一是加快明晰网络行动者的职能定位、协调好网络行动者的治理关系、建构有效的网络治理结构；二是加快修订“不合时宜”的强制性工具、明晰监督性工具的执行主体、加大直接提供工具投入力度、强化信息与劝诫型工具效力、创新补贴型工具运用方式、完善家庭和社区型工具配套政策和优化自愿性组织及服务型工具的实施路径。

由于笔者水平有限，本书中难免会有这样或那样的不足，但对致力于体育政策、学校体育探究的硕士生、博士生和相关学者也有一定的参考价值。本书提出的一些国外的学校体育政策、学校体育理念和学校体育经验的启示，也许并非真知灼见，但对学界或许会有参考价值。

是为自序。

2023 年孟春于昆明书香大地

前言

FOREWORD

学校体育政策是指由政党、政府及其他组织为促进青少年参与体育活动、培养体育爱好、形成体育习惯、预防肥胖及增强体质健康等制定的指导方略、发展举措、课程标准和行动方案，它事关青少年的体魄强健和国家竞争力，世界各国都非常重视学校体育方面的相关政策。为推动我国学校体育从“管理”向“治理”转向，实现新时代学校体育治理体系和治理能力现代化，既需要立足国情，积极探索符合我国经济社会发展的学校体育治理新政策、新体系，也需要放眼四海，及时了解部分发达国家学校体育治理的新动向、新体系。基于此，结合公共政策分析的相关理论及分析框架，从治理体系、政策目标及政策工具三个维度，对中、英、美、德、日、澳的学校体育政策进行比较研究，并试图透过对中国与部分发达国家学校体育政策的比较研究，发现中国与部分发达国家学校体育治理的区别，为新时代学校体育治理体系和治理能力的优化提供经验与启示。主要结论如下。

①不同的经济、政治及社会文化环境形塑了不同的学校体育治理方法、路径与体系，但体育课程学习、课余体育活动、课余体育训练及课余体育比赛是中、英、美、德、日、澳学校体育治理体系的相似之处，不同之处在于校内体育的目标任务、课程内容理念、课余体育内容形式、校外体育活动和校外体育的运行机制存在明显区别。

②学校体育政策目标是对未来一段时期内学校体育的发展进行的总体考量与战略部署，它决定了学校体育的发展方向。中、英、美、德、日、澳学校体育政策的战略目标相似，都是通过学校体育政策的实施和干预，促进青

少年的体质健康，进而提升本国未来的国际竞争力，但各国学校体育政策的行动目标在关注内容、关注重点、政策主题、政策内容、政策形式等方面存在明显不同。

③学校体育政策工具是实现学校体育政策目标的主要方式，也是学校体育治理体系和政策体系的基本要素，它能够不断推动学校体育治理走向最优化和良性运行。从强制性工具、混合性工具及自愿性工具三个维度的比较来看，中、英、美、德、日、澳学校体育政策工具选择的范围、形式及组合存在明显不同，但透过法律、标准、课程、计划等对学校体育进行治理又是各国学校体育政策工具选择的相似之处。

④推进学校体育融入教育和党委及政府评价体系、构建与学校体育发展相匹配的资源要素新体系、形成学校体育治理的法制新体系是新时代学校体育走向良性治理的筑基工程。推动学校体育政策目标丰富化是凝聚社会共识、形成合力与协同促进新时代学校体育发展的新要求。推出学校体育政策的新工具是实现新时代学校体育治理体系和治理能力现代化的“顶梁柱”，打出学校体育政策工具的组合拳是彰显学校体育治理效能的“压舱石”。

⑤新时代要推动学校体育治理现代化，加快明晰网络行动者的职能定位是前提、协调好网络行动者的治理关系是关键、建构有效的网络治理结构是核心；另外，还要加快修订“不合时宜”的强制性工具、明晰监督性工具的执行主体、加大直接提供工具的投入力度、强化信息与劝诫型工具的效力、创新补贴型工具运用方式、完善家庭和社区型工具配套政策和优化自愿性组织及服务型工具的实施路径。

目 录

CONTENTS

第一章

CHAPTER 01

绪 论

中华人民共和国成立以来，党和政府高度重视学校体育工作，围绕学校体育工作颁布了一系列有关学校体育发展的指导意见、发展规划、法规条例、实施措施、课程标准等规范性的政策文件。这一系列学校体育政策文件的颁布，推动了我国学校体育的快速发展，促进了青少年的体质健康，实现了我国学校体育从“管理为主”向“治理为主”的转向。但长期以来，我国学校体育政策在制定和执行的过程中也存在条块分割、“刚性不足，柔性有余”“部门空转”“文件执行”等现实问题，形成了学校体育“说起来重要，做起来次要，忙起来不要”的社会镜像。新时代学校体育如何坚守“为党育人，为国育才”使命？如何落实立德树人的根本任务？我们不仅需要反思和纠正以往我国的学校体育政策在制定和执行中存在的问题，也需要面向全世界看看发达国家的学校体育是怎么干的、如何从政策维度进行推动的、形成了什么样的学校体育政策与治理体系、有什么样的经验与启示等。要回答这些问题，需要熟稔国内外的学校体育政策，尤其是从政策比较视角来探讨中外学校体育的政策问题。基于此，本章回答了学校体育政策比较研究的选题依据和选题意义，阐释了本书运用的核心概念，明确了本书的研究对象和研究方法，并以治理体系、政策目标、政策工具三个维度为切入点，在后续章节系统探讨了中、英、美、德、日、澳的学校体育政策问题。

第一节　问题由来

一、选题依据

青少年是祖国的未来，民族复兴的希望。长期以来，党中央、国务院高度重视青少年的体质健康，并将青少年体魄强健列为党和政府治国理政的主要内容之一，且持续进行长期的跟踪治理。中华人民共和国成立伊始，在各项事业仍处在起步阶段之时，党中央就将学校体育工作列为其工作内容之一。1951 年 8 月，中央人民政府政务院颁布了《关于改善各级学校学生健康状况的决定》（以下简称政务院决定），提出各级学校应切实进行体育教学，加强学生体格的锻炼，以促进各方面对学生体育问题的重视①。为贯彻党中央、国务院对学校体育工作的指示和进一步落实政务院决定，切实推动全国的学校体育工作开展，1955 年 8 月，教育部联合国家体委和卫生部一起发布了《关于改进中小学体育工作的指示》的政策文件（以下简称 1955 三部委联合指示），1955 三部委联合指示的政策文件明确了教育、卫生、体育、青年团等部门在学校体育工作中要明确分工、密切配合和加强联系，注意体育工作的效果②。随后，随着三年困难时期和“文革”的到来，学校体育工作也受到了严重影响。“文革”一结束，党中央、国务院立即着手对包括学校体育工作在内的各项社会事业进行拨乱反正，恢复了包括学校体育工作在内的各项社会事业，促进了学校体育工作走向正轨。1979 年，教育部、国家体委联合颁布了《中、小学体育工作暂行规定》（试行草案）和《高等学校体育工作暂行规定》（试行草案）两个部委规章，明确指出体育是学校教育的重要组成部分，必须予以重视。各类学校要充分发挥共青团、学生会、少先队等组织的作用，共同协调一致做好学校体育工作③。1984 年，党中央发布了《关于进

①国家教委体育卫生司．学校体育卫生文件选编［M］．沈阳：辽宁大学出版社，1988：1-3.

②同①20-23.

③同①117-126.

一步发展体育运动的通知》，要求全党全社会都要重视加强体育工作，并重点抓好学校体育，从青少年儿童抓起。《关于进一步发展体育运动的通知》是党中央在进行社会主义各项事业改革初期对学校体育工作作出的重要指示和明确要求，推动了改革开放初期我国学校体育工作的发展。

进入21世纪，随着经济社会的发展，受青少年学业负担重、身体活动少、肥胖率快速增长及视屏时间延长的影响，我国青少年体质健康某些指标长期下降的问题仍未向好，且严重影响了青少年的健康成长。为促进我国青少年的体魄强健，党中央、国务院先后针对学校体育工作颁布了两个中央文件。2002年，中共中央、国务院颁发了《关于进一步加强和改进新时期体育工作的意见》，文件明确要求青少年体育以学校为重点，并确保体育课和课外体育活动时间①。2007年，党中央、国务院为推动学校体育工作形成合力，扭转青少年体质健康某些指标下降的趋势，颁布了《中共中央 国务院关于加强青少年体育增强青少年体质的意见》的政策文件（以下简称意见），意见明确要求学校体育工作要高度重视、认真落实和加强领导，强调齐抓共管和形成全社会支持青少年体育工作的合力，正式将青少年体育工作上升为国家战略。新时代，以习近平同志为核心的党中央对学校体育工作和青少年体魄强健更加关心和重视，并将青少年体魄强健列为党的意志，进入党的最高决策文件十九大报告之中，以促进各级党委和政府真正贯彻执行党中央、国务院关于学校体育工作的各项指示和政策。尤其是2020年10月15日，中共中央办公厅、国务院办公厅印发了《关于全面加强和改进新时代学校体育工作的意见》的政策文件，更加明确了新时代学校体育要肩负起“为党育人、为国育才”的使命和担当，培养体魄强健的时代新人，进一步推动我国学校体育工作迎来新的黄金发展期。

由上可知，学校体育工作长期以来是党中央、国务院高度重视的一项工作，为推动实现我国学校体育治理体系和治理能力现代化，以及促进青少年体魄强健，党中央、国务院及其组成部门先后颁布、制定了推动学校体育工作的一系列政策文件。但这些学校体育政策在执行过程中仍然存在这样或那

①教育部体卫艺司．学校体育工作重要法规文件选编［M］．北京：人民教育出版社，2008：26-27.

样的问题，困扰学校体育发展的影响因素依然存在，青少年体魄强健的目标仍未实现。这些问题怎么解决是学校体育政策体系的问题，也是学校体育政策工具、政策网络的问题等，都急需给予理论上的回应和解答。因此，从公共政策视角加快深入研究我国学校体育政策成为一个紧迫而现实的问题。

二、选题意义

（一）理论意义

长期以来，党中央、国务院推动学校体育治理的主要形式就是颁布一系列的学校体育政策文件，并通过学校体育政策文件的落实达成我国学校体育治理的主要目标。要实现我国学校体育治理的主要目标，合理的学校体育政策配置和与政策目标相契合是推动我国学校体育工作向好的关键所在。而在事关我国学校体育发展的政策上，党和政府长期以来在学校体育政策工具的选择上形成了相对稳定的类型偏好，以学校体育发展规划、实施意见、相关条例、课程标准及相关具体措施为准的学校体育政策工具体系，形塑了我国学校体育政策稳定发展的政策工具类型体系。事实上，这些学校体育政策工具在执行过程中由于“刚性不足，柔性有余”的特性，时常让学校体育政策陷入部门空转、文件执行难以落地的窘境。基于此，从“工具—目标”适配性出发，提高政策工具与政策目标的协同性①。通过对中、英、美、德、日、澳的学校体育政策进行比较研究，提高学校体育政策工具与目标的协同性，已成为我国学校体育政策领域必须关注和急需解决的问题，具有重要的理论意义。

（二）现实意义

新时代，学校体育工作能否做好，既事关青少年体魄强健、亿万家庭幸福、民族未来和国家复兴的大计，也事关学校体育“立德树人”的初心和“为党育人、为国育才”的使命能否实现，因此做好新时代学校体育工作具有重大现实意义。要做好新时代学校体育工作，关键在于学校体育政策顶层设

①王家合，杨德燕，杨嬛．促进公共文化服务政策工具与目标的协同匹配［J］．新视野，2020（5）：62-66.

计，核心在于学校体育政策落地执行。而新时代党中央、国务院为破解学校体育工作的难题，促进全社会形成推动青少年体魄强健的合力，先后颁布了一系列事关学校体育工作的政策文件。这些学校体育政策文件在推动新时代学校体育工作中的政策工具是否健全，学校体育政策及其工具之间、学校体育政策工具和学校体育政策目标之间是否发挥了协同效应等，都是急需研究的现实问题。因此，从政策比较的视域出发，通过对中、英、美、德、日、澳的学校体育政策目标、政策工具等进行比较分析，发现不同国家学校体育治理的经验与启示，对推动新时代我国学校体育政策的制定和学校体育工作的开展具有积极的现实意义。

三、相关概念界定

（一）政策、学校体育政策

1. 政策的内涵

“政策”一词源于古希腊语中的“Poiteke”，随着西方社会的发展，从原有的“Politic”演变为“Policy”。日本学者将“Policy”译为“政策”后传入我国，“政策”一词才在汉语表达中成为一个专用词语。也有学者认为，“政策”一词，中国自古有之①，如“政通人和，百废具兴”“其次伐兵，其下攻城”“礼乐刑政，其极一也”等，这里的“政”“策”的内在含义就是指我国古代社会治理的制度、统治手段及谋略等。从欧美公共政策学者的研究看，詹姆斯·E. 安德森认为，政策是一个有目的的活动过程，这些活动是由一个或一批行为者为处理某一问题或有关事务而采取的行动②。哈罗德·D. 拉斯韦尔（Lasswell H D）、亚伯拉罕·卡普兰（Kaplan）认为，政策是一种为某项目标、价值与实践而设计的计划③。托马斯·R. 戴伊认为，公共政策就是

①戴艳军，陈岩．“政策”与“公共政策”的概念辨析［J］．理论界，2003（4）：86-87.
②安德森．公共政策制定［M］．谢明，译．北京：中国人民大学出版社，2009：3-4.
③Lasswell H D，Kaplan. Power and Society［M］. N. Y.：McGraw-Hill Book CO，1963：70-71.

政府选择做什么或不做什么①。戴维·伊斯顿（Easton D.）则认为，公共政策是政治系统权威性决定的输出，是对整个社会所做的权威性价值分配②。整体来看，欧美学者关于政策内涵的界定较为宽泛，主要从政策的目的、目标、价值和过程等维度进行阐释，认为政策是为实现某种目的、达成某个目标所采取的计划、行动和资源分配。我国学者对政策也存在不同的认识，张金马认为，政策是党和政府用以规范和引导有关机关团体和个人行动的准则或指南③。陈振明认为，政策是国家机关、政党及其他政治团体在特定时期为实现或服务于一定社会政治、经济、文化目标而采取的政治行为或规定的行为准则，它是一系列谋略、法令、措施、办法、方法、条例等的总称④。谢明认为，政策是为达到一定目标而制订的行动方案或行动准则⑤。从我国学者对政策的阐释来看，认为政策是为实现一定目标而制定的准则、指南和方案。综合来讲，政策可以理解为由政党和政府及其他组织在一定时期内，为了实现一定的目标而颁布的指导方略、行为准则、行动计划和行动方案。

2. 学校体育政策的内涵

从逻辑学的角度来看，学校体育政策作为政策的下位概念，其内涵和外延理应围绕“政策”的概念进行展演。王书彦认为，学校体育政策是指国家在一定时期为实现一定的学校体育目的和任务制定的法规、命令、措施、办法、计划和方案⑥。陶克祥认为，学校体育政策是针对学校教育领域内的体育问题，为贯彻教育政策而制订的具体行动方案⑦。王鹏认为，学校体育政策是有关学校体育利益表达与整合的政治措施和政治行为⑧。张文鹏、王健认为，学校体育政策是指党和政府及其他组织为了达成学校体育目标和促进青少年

①戴伊．理解公共政策［M］．12版．谢明，译．北京：中国人民大学出版社，2011：12-13.
②Easton D. The Political System［M］. N. Y.：Knopf，1953：128-129.
③张金马．政策科学导论［M］．北京：中国人民大学出版社，1992：17.
④陈振明．政策科学：公共政策分析导论［M］．北京：中国人民大学出版社，2003：27-28.
⑤谢明．政策透视：政策分析的理论与实践［M］．北京：中国人民大学出版社，2004：24-25.
⑥王书彦．学校体育政策执行力及评价体系实证研究［D］．福州：福建师范大学，2009：47-48.
⑦陶克祥．学校体育政策执行力及其影响因素［J］．现代教育管理，2012（6）：68-69.
⑧王鹏．论学校体育政策的内涵及延伸［J］．内蒙古师范大学学报（教育科学版），2014：159-160.

体质健康而制定的指导方略、发展计划和行动方案①。杨雅晰、刘昕认为，党和国家以促进和完善我国学校体育治理体系和治理能力现代化为目的而颁布的具有约束性和指导性的规定、办法、方案等统称为学校体育政策②。由上可知，尽管人们对于学校体育政策的内涵存在不同的认识，但从概念的维度来看，上述关于学校体育政策内涵的认识较为趋同，不同之处在于对学校体育政策外延的认识。基于此，本书采用张文鹏、王健对学校体育政策的界定。

（二）治理、治理体系

1. 治理的内涵

20 世纪 90 年代以来，治理一词成为管理学、政治学、公共政策、经济学等众多学科的热门词汇和研究内容。德国前总理施罗德曾专门撰写并在《新社会》杂志上发表的《文明的公民社会》一文中提出了“新治理”的概念，向人们描绘了社会改革的前景③，国家现在已经不可能通过自己的行动解决所有问题了，要从新的角度出发，推行“新治理”，而新治理的核心是“公民社会”④。同时，相关国际组织也开始关注“治理”。如 1992 年银行年度报告的主题是“治理与发展”（Governance and Development），1996 年经济合作与发展组织（OECD）的主题是“促进参与式发展和善治的项目评估”（Evaluation of Programmes Promoting Participatory Development and Good Governance），1997 年联合国教科文组织（UNESCO）也提出了名为“治理与联合国教科文组织”（*Governance and UNESCO*）⑤的文件等。可见，“治理”在 20 世纪便已出现，即刻成为国际社会广泛关注的问题，而且欧美学界也迅速关注和介入“治理”方面的研究。治理理论的主要创始人之一詹姆斯·罗西瑙（James N. Rosenau）

①张文鹏，王健．新中国成立以来学校体育政策的演进［J］．体育科学，2015，35（2）：14-23.
②杨雅晰，刘昕．改革开放 40 年学校体育政策嬗变的回溯与展望［J］．北京体育大学学报，2019，42（5）：44-54.
③张文成．德国学者迈尔谈西欧社会民主主义的新变化与“公民社会模式”［J］．国外理论动态，2000（7）：19-22.
④俞可平．全球治理引论［J］．马克思主义与现实，2002（1）：20-32.
⑤同④.

认为，治理指的是一种由共同目标支持的活动，这些管理活动的主体未必是政府，也无须依靠国家的强制力量来实现。也可以理解为与政府统治相比，治理的内涵更加丰富，它既包括政府机制，也包括非正式的、非政府的机制①。另一位治理理论的代表人物罗茨（Rhodes）认为，治理意味着“统治的含义有了变化，意味着一种新的统治过程，意味着有序统治的条件已经不同以前，或是以新的方法来统治社会”②。全球治理委员会认为，治理是各种公共的或私人和机构管理其共同事务的诸多方式的总和。它是使相互冲突的或不同的利益得以调和并且采取联合行动的持续过程。既包括有权迫使人们服从的正式制度和规则，也包括各种人们同意或认为符合其利益的非正式的制度安排③。

2. 治理体系的内涵

制度是一个社会人与人之间交往合作、博弈竞争的规则，也是形塑人们互动关系的约束，它构成了人们在政治、社会或经济领域里开展互动活动的有效激励④，是国家治理、社会良性运行的保障。清华大学教授崔之元认为，治理体系就是基本制度⑤。周毅认为，治理体系从本质上来看，是规范公共权力运行的一系列制度⑥。姜晓萍、阿海曲洛认为，治理体系是由主体—规则—机制—目标四个要素构成的规范社会行为的一系列制度⑦。由此可见，治理体系可以理解为由政党、政府、其他组织和个人为解决社会问题构建的一系列社会制度。政策作为制度的主要表达形式，是由法律、计划、标准、方案等构成的相互影响和相互促进的政策系统，这个政策系统各要素之间协调运行的状态也是一个治理体系。学校体育治理体系则可以理解为由政党、政府及其他组织为促进学校体育发展构建的一系列法律、计划、标准、方案等制度，

①罗西瑙．没有政府统治的治理——世界政治中的秩序与变革（Governance without Government：Order and Change in World Politics）［M］．剑桥：剑桥大学出版社，1995：5-6.

②Rhodes R A W．The New Governance：Governing without Government［J］．Political Studies，1996，44（4）：652-667.

③全球治理委员会．我们的全球之家［M］．牛津：牛津大学出版社，1995：2-3.

④诺斯．制度、制度变迁与经济绩效［M］．刘守英，译．上海：三联书店，2008：3-4.

⑤崔之元．“治理体系”和“治理能力”的概念区分与新“三位一体”［EB/OL］．（2019-12-07）［2020-10-07］．http://aoc.ouc.edu.cn/2019/1205/c9824a278032/pagem.htm.

⑥周毅．西方现代化理论与中国现代化之路［J］．改革与理论，2003（1）：15-19.

⑦姜晓萍，阿海曲洛．社会治理体系的要素构成与治理效能转化［J］．理论探讨，2020（3）：142-148.

是激励学校体育利益相关者、形塑学校体育关系和保障学校体育良性运行的基石。

(三) 学校体育政策目标

政策目标是政策活动要达到的目的和一项政策的核心，它是设计政策方案的依据、政策执行的归宿和政策评价的标准①。具体而言，政策目标是政府机构、相关组织等为解决某一社会问题，通过政策工具所要达成的预期和效果②。事实上，政策目标体现了政府或相关组织基于某种价值判断对相关社会问题进行的干预，这种干预能够达到什么状态（即政策目标应该是什么），则取决于社会和社会成员的价值判断③，这种价值判断在不同的资源约束条件下，推动解决某一社会问题则成为政策目标的不断追求④。学校体育政策作为公共政策的重要组成部分，推动学校体育价值和功能的实现则是学校体育政策目标的不断追求⑤。基于此，学校体育政策目标可以理解为政党、政府及其他组织为解决学校体育领域的相关问题，通过一系列政策工具进行干预所要达到的目的、预期和效果。

(四) 学校体育政策工具

政策工具是政府赖以推行政策的实际方法和手段，其合理与否直接关乎着社会问题的解决程度⑥。盖伊·彼得斯、弗兰斯·K. M. 冯尼斯潘认为，政策工具应用的焦点在于政策产出或政策效果的实现⑦。迈克尔·豪里特（Hewlett M）、M. 拉米什（Ramesh M）认为，政策工具即政府治理的工具⑧。乌戈尔维夫则认为，政策工具是指行动者采用或者在潜在意义上可能用来实

①王春福，孙裕德．政策目标的理性分析［J］．理论探讨，1999（2）：3-5.

②张立荣．政策目标的内涵与外延［J］．理论探讨，1991（1）：57-58.

③陈振明．公共政策学［M］．北京：中国人民大学出版社，2010.

④韦默，瓦伊宁．公共政策分析：理论与实践［M］．刘伟，译．北京：中国人民大学出版社，2013.

⑤张文鹏，王志斌，吴本连．健康中国视域下学校体育治理的政策表达［J］．北京体育大学学报，2018，41（2）：94-100.

⑥豪利特，拉米什．公共政策研究［M］．庞诗，等译．北京：生活·读书·新知三联书店，2006.

⑦彼得斯，冯尼斯潘．公共政策工具［M］．顾建光，译．北京：中国人民大学出版社，2007.

⑧Hewlett M，Ramesh M. Patterns of Policy Instrument Choice［J］. Policy Studies Review，1993（12）：3-23.

现一个或者更多目标的任何东西。可见，西方学者认为政策工具即人们为推动社会某一个问题的解决而采取的所有手段和方式。基于此，学校体育政策工具可以界定为政党、政府及其他组织为了实现一定时期内的学校体育政策目标而采取的各种方式和手段①。研究认为，当前我国的学校体育政策工具体系不健全，权威工具、能力工具和激励工具需要进一步完善②，并加强学校体育政策激励工具的应用③，为解决青少年体质健康某些指标不断下降的问题形成学校体育政策工具的合力，让“立德树人”的初心在学校体育领域不断彰显，并让“为党育人、为国育才”的使命和担当在学校体育领域不断向好。

（五）学校体育政策网络

政策网络研究始于20世纪五六十年代的美国，勃兴于欧洲，并于21世纪初在我国公共政策研究领域兴起。政策网络是研究国家与社会组织、团体及公民之间利益协商的一种分析框架，是推动社会治理走向良性运行的一种新途径，揭示了政府在日益多元化的社会治理中运用新方式、新理念、新途径与社会团体、社会组织、公民社会等建立良性互动的一种新模式④。罗茨（Rhodes）认为，政策网络是通过资源依赖形成的一种组织彼此相连的集群和联合体⑤。也有学者认为，政策网络就是各种主体利用各自资源，寻求实现各自利益和目标的相互影响、相互作用的动态过程⑥。为便于研究和应用，政策网络又进一步细分为政策社群（policy community）、专业网络（professional networks）、政府间网络（intergovernment networks）、生产者网络（producer networks）和议题网络（issue networks）。尽管人们对政策网络的认识存在差异，但对政策网络的解释力、分析力和影响力都不谋而合地认同，政策网络

---

①张文鹏．中国学校体育政策的发展与改革研究［D］．武汉：华中师范大学，2015.

②张文鹏，王志斌，吴本连．健康中国视域下学校体育治理的政策表达［J］．北京体育大学学报，2018，41（2）：94-100.

③谭利，于文谦．改革开放以来我国学校体育政策工具的选择与优化［J］．北京体育大学学报，2019，42（5）：63-71.

④孙柏瑛，李卓青．政策网络治理：公共治理的新途径［J］．中国行政管理，2008（5）：106-109.

⑤Rhodes R A W．Understanding Governance：Policy Network Governance Reflexivity and Accountability［M］．London：Open University Press，1997.

⑥Klijn E H. Analyzing and managing policy processes in complex networks：A theoretical examination of the concept policy network and its problems［J］．Administration & Society，1996，28（1）：90-119.

的结构和政策后果具有某种明确的关联。在网络成员相互影响的过程中，网络追求的目标、实现目标的工具、网络活动的准则等会逐渐制度化，并反过来制约、影响网络主体的行为①。同样，在我国学校体育政策制定和执行过程中，政策网络的存在和隐性运行既是一个不容忽视与急需探讨的理论问题，也是解决我国学校体育治理长期碎片化、府际协作弱化、落地执行虚化等现实问题不可或缺的手段之一。综上，学校体育政策网络可以理解为，党和政府及相关组织为实现青少年体魄强健的目标，在一定时期内综合运用各种手段和资源促进学校体育的利益攸关方相互作用、相互协作和共同推动其目标实现的动态过程。

第二节 国内外研究综述

一、国内研究综述

国内学者从学校体育政策执行、学校体育政策演进、学校体育政策评价、体育课程政策等方面进行了研究。

（一）关于学校体育政策执行的研究

徐士韦、肖焕禹认为，学校体育政策法规执行机制的不完善或缺失是导致学校体育走向困境的根源。只有提高学校体育政策法规的执行力，才能促进青少年的体质健康②。王书彦认为，学校体育政策执行力的关键在于执行能力和执行效力，作用在于保障学校体育政策目标的实现③。杨定玉、杨万文、黄道主等人认为，执行尺度不当、角度偏离、力度不足和方式僵化是学校体育政策执行过程中面临的主要问题。要解决这个问题必须提升学校体育政策的文本质量、执行主体水平和执行能力，以及改善学校体育政策对象的认同

①朱亚鹏．政策网络分析：发展脉络与理论构建［J］．中山大学学报（社会科学版），2008（5）：192-199.

②徐士韦，肖焕禹．学生体育权利的实现［J］．山东体育学院学报，2013（5）：100-106.

③王书彦．学校体育政策执行力及其评价指标体系实证研究［D］．福州：福建师范大学，2009.

感、支持度、资源环境和优化监督机制①。宋学岷、李风雷、冯欣欣认为，我国学校体育政策执行的主要问题在于领导重视不够、体育教师培训不足、体育场地缺乏、激励机制不完善与监管机制缺失②。潘凌云、王健认为，学校体育“要素驱动式”的政策生成逻辑，一定程度上制约了改革的整体性推进，政策执行难的问题长期存在③。唐大鹏认为，学校体育政策文本体系科学性不高、政策执行机构存在执行偏差、学校体育目标群体认知与学校体育利益存在冲突等问题是我国学校体育执行难的关键所在④。

（二）关于学校体育政策演进的研究

彭雪涵认为，改革开放以来学校体育教育政策法规的重心已从早期小范畴的“增强体质”向大概念的“健康第一”转变，这一转变使学校体育教育目标更加丰富。学校课余体育训练政策法规的重心已从单一竞技性目标向教育与竞技性复合目标转变，这一转变有利于稳步实现我国竞技体育、学校体育和群众体育三者可持续发展的战略⑤。刘宁、刘静民、张威认为，改革开放以来我国学校体育政策的基本脉络概括为“三个阶段”和“三种导向”，它的“三个阶段”是指拨乱反正与调整期、平稳发展期和新世纪发展期⑥。黄衍存、彭雪涵认为，改革开放以来我国学校体育政策演进的重心已由“增强体质”转向“健康第一”，这种政策演进重心的转向是主动适应改革开放、加强法制建设和体现以人为本的社会需要⑦。张文鹏、王健认为中华人民共和国成立以来学校体育政策演进的主题围绕着学校体育教学展开，演进方式体现

---

①杨定玉，杨万文，黄道主，等．学校体育政策执行偏差的表现、原因与对策［J］．武汉体育学院学报，2014（1）：78-82.

②宋学岷，李风雷，冯欣欣．我国中小学学校体育政策执行的实证分析［J］．东华理工大学学报，2012（3）：297-300.

③潘凌云，王健．改革开放40年我国学校体育改革与发展的政策审思［J］．体育科学，2019，39（5）：13-25.

④唐大鹏．我国学校体育政策执行过程审视——以史密斯模型为理论框架［J］．广州体育学院学报，2019，39（1）：113-116.

⑤彭雪涵．改革开放时期学校体育政策法规的文本解读［J］．北京体育大学学报，2009，32（5）：76-79.

⑥刘宁，刘静民，张威．改革开放以来我国学校体育政策、法规演变脉络之研究［J］．体育科学，2009，29（12）：88-92.

⑦黄衍存，彭雪涵．改革开放以来我国学校体育政策法规的演进与思考［J］．福州大学学报（哲学社会科学版），2015，29（4）：92-96.

为渐进调适，演进中的溢出效应不足在于文化、社会和心理对体育认同的缺失，并提出了促进学校体育政策优化的现实路径、关键路径及根本路径①。另外，张文鹏、王健还对清末和民国时期的学校体育政策演进进行了系统研究，并指出清末时期学校体育政策的类型、制定主体与内容较为单一，形成了以权威工具为主，能力工具和象征与劝诫工具为补充的政策工具类型体系，学校体育改革的重点是建章立制，以促进学校体育发展②。民国时期的学校体育政策类型初步系统化，政策主题集中于课堂体育教学，政策工具体系初步形成，政策制定主体初步扩展③。

（三）关于学校体育政策评价的研究

王书彦、周登嵩从政策执行力的视角出发，研究了学校体育政策执行力的评价问题，在宏观上提出了我国学校体育政策执行力评价的 5 个指标体系（个人执行力、组织执行力、学校体育政策文本、资源环境和执行效力），也从中观、微观上分别构建了 12 个二级指标体系和 35 个三级指标体系④。闫士展、孙庆祝、马德森从学校体育设施对外开放的视角出发，研究了学校体育设施对外开放的政策绩效评价指标体系，构建了包含 3 个一级指标、9 个二级指标、32 个三级指标的“学校体育设施对外开放”政策绩效评价指标体系⑤。谭利、于文谦、吴桐从校园足球政策工具视角出发，研究了校园足球政策工具优化的问题，并提出了我国校园足球应灵活发挥多重工具效能，优化政策工具类型结构，避免过度使用权威工具，积极创新和采用新工具及引入激励工具和自愿性工具，推进“政府主导，多元参与”的评价模式，进一步增加能力建设工具和象征与劝诫工具在各政策领域的使用强度⑥。

---

①张文鹏，王健．新中国成立以来学校体育政策的演进［J］．体育科学，2015，35（2）：14-23.

②张文鹏，王健．清末学校体育改革的制度更新：基于政策文本的研究［J］．成都体育学院学报，2016，42（5）：113-117.

③张文鹏．民国时期学校体育政策演进研究［J］．体育文化导刊，2017（2）：175-180.

④王书彦，周登嵩．学校体育政策执行力的评价指标体系［J］．体育学刊，2010（6）：46-50.

⑤闫士展，孙庆祝，马德森．“学校体育设施对外开放”政策绩效评价指标体系构建与实证研究［J］．北京体育大学学报，2014，37（4）：21-26.

⑥谭利，于文谦，吴桐．我国校园足球政策工具选择的特征解析及优化策略［J］．体育学刊，2020，27（1）：87-92.

（四）关于体育课程政策的研究

李海萍、唐溢敏认为，清末民初的学校体育课程先后经历了从“兵操”到“体操”到“体育”再到“现代体育”的发展历程，体育课程设置政策理念亦是历经了从“军国民主义”到“自然主义”的演变，并逐步实现从关注人的工具价值到关注人自身发展的价值的转向①。潘明认为，尽管我国体育课程的政策地位已经确立，但各学段教材内容更新慢、评价内容和方法单一、体育课程目标雷同、缺乏操作性及层次不明等问题突出，只有改革学校体育课程内容、方法及体制，才能促进学生的全面发展②。尹小兰认为，我国大学体育课程政策的重心已由身体发展教育转向运动基础教育，政策目标已由关注生理健康转向关注全面健康，体育课程政策主体已由国家统一管理转向民主参与管理，政策取向已由“体育学科中心”转向“人本主义”③。王华倬从近代学制发展的视角出发，研究了近代我国体育课程政策的发展，认为我国体育课程的发展在癸卯学制之前便已形成雏形，这既是我国近代体育课程的渊源，也是近代体育课程发展过程的重要组成部分④。李翠琴认为，我国体育课程从性质、形式与内涵，到规范化、现代化的系列体育课程政策的实施体现了以学生体质健康为主线的特征⑤。季浏、汪晓赞、汤利军认为，体育课程政策改革面临内外双重挑战：从外部层面看，新标准培训力度、各地重视程度及专业人才培养方式等制约着体育课程改革的效果；从内部层面看，既需要体育教师深入理解体育课程标准和更新观念，也需要进一步完善体育课程标准的内容⑥。毛振明认为，“体育新课改”经历了理论准备期、激情进入期、争论反思期、改革修正期及过渡转换期 5 个阶段。“体育新课改”强化了对学生体育学习主动性的关注，促进了对体育课程目标的多维思考，但也存

---

①李海萍，唐溢敏．清末民初学校体育课程设置政策研究［J］．湖南师范大学教育科学学报，2019，18（5）：80-90.

②潘明．改革开放以来我国中小学体育课程发展研究［D］．广州：华南师范大学，2003.

③尹小兰．改革开放以来我国大学体育课程政策研究［D］．长沙：湖南师范大学，2012.

④王华倬．我国近代学制建立前体育课程发展概况［J］．西安体育学院学报，2004（1）：85-87.

⑤李翠琴．学校体育课程教学的政策演变与制度创新［J］．武汉体育学院学报，2012（4）：85-89.

⑥季浏，汪晓赞，汤利军．我国新一轮基础教育体育课程改革 10 年回顾［J］．上海体育学院学报，2011（2）：77-81.

在体育课程目标模糊、对体育课程性质认识产生偏差等问题①。

二、国外研究综述

(一) 美国学校体育政策相关研究

从学校体育政策议题研究看，美国青少年体质健康状况不佳的问题已经引起了学者和政策制定者的关注②。Kehm、Davey、Nanney 等认为，美国学校体育政策的主要议题是沿着预防青少年肥胖、培养学生健康生活方式及体育教育标准驱动的轨迹进行的③。Rigby、Hatch 认为，从联邦政府层面看，在宪法层面上联邦政府囿于教育的“零授权”约束，既缺乏干预教育的法理基础，也缺乏干预教育的经济与实践动因④，故而形成了联邦法律授权、地方分权及学区（学校）自主的体系。而循序渐进的 K-12 的体育课程和指导，为青少年提供了知识、技能和信心，有助于青少年终身积极参加体育活动，并被证明是促进青少年参与体育活动的有效途径⑤。联邦政府鼓励各州积极将体育课程列为优先考虑的科目，并将体育纳入学校教育总体课程的一部分。美国运动和体育教育协会（NASPE）发布了《面向未来：美国国家体育教育标准》和《初任体育教师国家标准》两个指导性文件，指引学生应该做什么和能够做什么⑥，以及体育教师、体育教练等人应该掌握的内容与技能。另外，美国联邦政府也通过相关立法关注学校体育和青少年体质健康问题，如《2004 年儿童营养与 WIC 再授权法案》（2004 年）明确规定要接受联邦政府资助必须

①毛振明．近 20 年中小学体育课程教学改革回顾与反思 [J]. 上海体育学院学报，2019，43（3）：1-6.

②Snelling A, Belson S I, Watts E, et al. Measuring the implementation of a school wellness policy [J]. J Sch Health, 2017, 87: 760-768.

③Kehm R, Davey C S, Nanney M S. The role of family and community involvement in the development and implementation of school nutrition and physical activity policy [J]. J Sch Health, 2015, 85 (2): 90-99.

④Rigby E, Hatch M E. Incorporating Economic Policy into A “Health-In-All-Policies” [J]. Agenda. Health Aff (Millwood), 2016, 35 (11): 2044-2052.

⑤SHAPE America. the essential components of physical education [EB/OL]. (2017-12-19) [2020-08-19]. https://www.shapeamerica.org/Common/Uploaded%20files/uploads/pdfs/TheEssentialComponentsOfPhysicalEducation.pdf.

⑥National Association for Sport and Physical Education. Moving into the future: National standards for physical education [M]. Chicago: McGraw-Hill, 1995.

达到联邦学校健康项目合格评估①，“国家体育活动计划”（NPAP，2010）的愿景是让所有美国人都能参与他们的日常生活、工作和娱乐活动。从州政府层面看，华盛顿哥伦比亚特区通过了《健康学校法案》（HSA），要求特区公立学校（DCPS）和特区公立特许学校（PCS）采取一系列措施促进特区学生的健康，并规定中小学每周必须分别提供150分钟和225分钟的体育课。尽管美国大多数州都对青少年在校体育锻炼时间作出了规定，但体育锻炼时间不一致，要求也不一致，美国大多数州对学校体育课则采取了基本要求（如频率、持续时间、强度、类型和总活动量）②。Piekarzporter、Lin、Leider等认为在州一级的政策中应包括更具体的要求，以帮助青少年实施体育锻炼计划③。

（二）英国学校体育政策相关研究

Jung、Pope和Kirk认为，包括英国在内的世界上大多数国家由于担心学校体育教育的边缘化和青少年体质健康的下降，各国政府都加大了对学校体育的干预力度④。1991年，为增加学校体育课程，英格兰和威尔士决定将体育课程列为国家课程的基础科目之一⑤。体育教育（PE）在英国的小学（5～11岁的学生）和中学（11～16岁的学生）教育中享有法定科目的特权地位，一直被其他没有得到类似待遇的国家羡慕。目前，在英国国家课程体系中，体育课程是中小学学校教育课程中的一门基础课程，而不是核心课程⑥。英国为推动学校体育发展，在《英国：体育大国》⑦（*England: the Sporting Nation*）、

①Kann L, Brener N D, Wechsler H. Overview and summary: School health policies and programs study 2006 [J]. J Sch Health, 2007, 77: 385-397.

②Burgeson C R, Wechsler H, Brener N D, et al. Physical education and activity: Results from the School Health Policies and Programs Study 2000 [J]. J Sch Health, 2001, 71 (7): 279-293.

③Piekarz-porter E, Lin W, Leider J, et al. State laws matter when it comes to school provisions for structured PE and daily PE participation [J]. Translational Behavioral Medicine, 2020, 11 (2): 597-603.

④Jung H W, Pope S, Kirk D. Policy for physical education and school sport in England, 2003-2010: vested interests and dominant discourses [J]. Physical Education and Sport Pedagogy, 2015, 21 (5): 510-516.

⑤Houlihan B, Mick G. The Changing Status of School Sport and Physical Education: Explaining Policy Change [J]. Sport Education and Society, 2006, 11 (1): 73-92.

⑥Green K. Understanding physical education [M]. California: Sage Publications Ltd, 2012.

⑦Donovan M, Jones G, Hardman K. Physical education and sport in england: Dualism, partnership and delivery provision [J]. Kinesiology, 2006, 38 (1): 16-27.

《运动：提高比赛水平》（*Sport*：*Rasing the Game*）及《让运动成为所有人的未来》（*A Sport Fature for All*）等政策上将学校体育课程、青少年体育参与等列为政策的主要追求。2004 年，英国首相托尼·布莱尔（Tony Blair）计划让每个学生每周至少有 4 小时的体育锻炼时间，其中至少有 2 小时是高质量的体育锻炼，而 Kirk 认为高质量的体育和学校体育是所有学校的愿望，并被认为有助于青少年终身参与体育活动①。2007 年，戈登·布朗（Gordon Brown）首相又宣布了一项投资 1 亿美元的计划，通过一个新的全国学校体育周、一个由 225 名比赛经理组成的网络、更多的教练和加强学校体育竞赛，以确保每个孩子每周有 5 个小时的体育活动。但 2010 年，联邦政府又取消了对学校体育的资助，该计划的终止反映了 PESS（学校体育和俱乐部战略）政策的制定受联邦政治的影响②。

（三）澳大利亚学校体育政策相关研究

在澳大利亚，政府制定了促进儿童和青少年健康和幸福的相关指南③，而大多数澳大利亚儿童和年轻人没有达到每日澳大利亚身体活动指南或国家饮食指南所规定的要求，但作为其饮食、身体活动和健康全球战略的一部分，世界卫生组织（以下简称世卫组织）呼吁制定和实施促进身体活动和健康饮食的学校政策。因此，世卫组织制定了一个学校政策框架，以帮助指导决策者制定和执行这些政策，并将以健康和积极生活行为为目标的干预措施和战略嵌入现有系统（如学校），有助于确保其可持续及获得成功。然而，来自澳大利亚、美国和英国的数据表明，只有三分之一的小学适龄儿童符合这些准则④。澳大利亚的身体活动指南建议儿童每天至少积累 60 分钟的中等到高强度的身体活动（MVPA）。有调查数据显示，只有不足四分之一（23%）的澳

①Kirk D. Physical education, youth sport and lifelong participation: The importance of early learning experiences ［J］. European Physical Education Review, 2005, 11 (3): 239-255.

②Phillpots L, Grix J. New Governance and Physical Education and School Sport Policy: A Case Study of School to Club Links ［J］. Physical Education and Sport Pedagogy, 2014, 19 (1): 76-96.

③National Health and Medical Research Council. Australian Dietary Guidelines ［EB/OL］. (2013-02-01) ［2021-12-12］. https://www.health.gov.au/sites/default/files/australian-dietary-guidelines.pdf.

④Telama R, Yang X, Viikari J, et al. Physical activity from childhood to adulthood: a 21-year tracking study ［J］. Am J Prev Med, 2005, 28 (3): 267-73.

大利亚小学生达到了建议的身体活动水平①。体育教师教育曾经是澳大利亚高等教育机构体育活动方案的重点内容，但在20世纪70—90年代，体育教师教育被迫进行自我改造，以响应正在进行的教育、文化和体制改革。在20世纪70年代之前，经过25年的变革，它在高等教育机构中不再占据卓越的地位②。2013年的一项研究中，64名独立观察员被安排在澳大利亚的小学课堂上观察了9周，结果发现只有13%的课堂在上课时间经常进行体育活动③。学校政策的改善可以促进身体活动和健康饮食行为，从而对整个澳大利亚的学生产生积极影响。虽然澳大利亚大多数州都有针对政府学校的身体活动和营养政策，但这些政策往往不符合专家的建议，使用模糊的语言或没有详细的监测和问责机制，这都可能对学校的执行产生负面影响④。因此，决策者可以通过制定与专家建议一致的强有力的综合政策、使用明确的语言、提供具体的以证据为基础的实施战略和使用强有力的问责机制，来帮助改善学校身体活动和营养实践。

(四) 国外学校体育政策综合研究

Jung、Pope、Kirk等人认为，话语体系不足、既得利益主导等问题是影响英国学校体育政策效应的主要因素。只有在国家政策体系中重建学校体育话语和话语体系，并从政策层面协同和推动既得利益者改变对学校体育的偏见，才能促进青少年形成体育习惯和增强体质⑤。Pule、Drotsky等学者对公立学校学生参加体育的政策障碍研究后认为，体育设施、体育教练和管理人员不足是导致学生减少体育活动的主要政策障碍。另外，来自家长看法和经济方面

①Schranz N, Olds T, Cliff D, et al. Results from Australia's 2014 report card on physical activity for children and youth [J]. J Phys Act Health, 2014, 11 (1): S21-S25.

②David Kirk , Doune Macdonald, Richard Tinning. The social construction of pedagogic discourse in physical education teacher education in Australia [J]. The Curriculum Journal, 1997, 8 (2): 271-298.

③Nathan N, Wolfenden L, Morgan PJ. Pre-service primary school teachers' experiences of physical education [J]. Aust N Z J Public Health, 2013, 37 (3): 294-294.

④Stylianou M, Walker J L. An assessment of Australian school physical activity and nutrition policies [J]. Australian and New Zealand Journal of Public Health, 2018, 42 (1): 16-21.

⑤Jung H W, Pope S, Kirk D, et al. Policy for physical education and school sport in England, 2003-2010: vested interests and dominant discourses [J]. Physical Education and Sport Pedagogy, 2015, 21 (5): 501-516.

的支持也是制约学生参与体育活动的障碍因素①。Pule、Drotsky、Toriela 认为，协调学校体育政策与相关政策的关系，促进学校体育政策在其他政策方面的协同性，减少学校体育政策与相关政策的冲突，能够获得相关支持并引导和分配其他资源给学校体育，这有助于促进学生参与体育活动②。Erin、Jannice、Laura 等学者在对加拿大曼尼托巴省学校体育政策运行轨迹研究后认为，学校体育政策有序执行是儿童和青少年参与体育活动的保障，但关于政策执行效果与相关政策之间冲突关系的评价较少③。Robinson、Wadsworth、Webster 等学者对美国阿拉巴马州学校体育改革研究后认为，学校为满足联邦和州政府颁布的学校体育方面的相关政策，进而获取相关政策待遇，表面上遵守联邦和州政府的政策，但在实际执行中为了达到相关法律关于学生学业方面的绩效要求，并未确保学生在校期间获得联邦和州政府规定的足够的参加体育活动的时间④。Cooper、Greenberg、Castelli 等学者认为，减少学校体育政策冲突，增强学校体育政策效果需要建立政策执行的反馈通道、培养利益相关者对政策执行意义的认知，以及增加健康和体育教育专业人才进入学校体育领域工作的数量⑤。

①Pule R E, Drotsky G A. Barriers to sport participation among learners at public township schools in Tshwane, South Africa [J]. African Journal for Physical, Health Education, Recreation and Dance, 2014, 20 (4): 1414-1423.

②Pule R E J, Drotsky G A P, Toriela A L, et al. Children's perceptions of parental involvement in sport at public township schools in Tshwane, South Africa [J]. African Journal for Physical Health Education, 2014, 20 (4): 1564-1571.

③Erin H, Jannice S, Laura R, et al. Trajectories of objectively measured physical activity among secondary students in canada in the context of a province-wide physical education policy: A longitudinal analysis [J]. Journal of Obesity, 2014: 645-648.

④Robinson L E, Wadsworth D D, Webster E K, et al. School reform: The role of physical education policy in physical activity of elementary school children in Alabama's black belt region [J]. American Journal of Health Promotion, 2014.

⑤Cooper K H, Greenberg J D, Castelli D M, et al. Implementing policies to enhance physical education and physical activity in schools [J]. Research Quarterly for Exercise and Sport, 2016, 87 (2): 133-140.

第三节　研究对象与方法

一、研究对象

本书从政策比较的视域研究学校体育，以中国与西方部分发达国家的学校体育政策比较为研究对象。法国社会学家马太·杜甘指出，“只有将你所在的国家同其他国家相比较，才有可能体悟到本国的独特性、结构及运作”①。因此，通过对欧美主要发达国家20世纪80年代以来的学校体育政策文本进行考察，并将其与中国学校体育政策进行比较研究，以发现不同文化、经济、政治背景的国家在学校体育治理方面的政策范式及主要特征，并为实现新时代学校体育治理体系和治理能力现代化提供理论参考。

二、研究方法

（一）文献资料法

文献资料法是在公共政策研究中搜集和分析以文字形式为主要载体、记录政治现象的各种形式的信息资料的一种研究方法②。政策文本的搜集、整理与分析是学校体育政策研究的起点。因此，深入研究中外学校体育政策的特征及问题，需要全面、系统地搜集中外学校体育政策文本的各种类型，这是进一步研究中外学校体育政策问题的基础。

（二）比较研究法

从教育学的视角看，比较研究法是指依据一定的标准，对不同国家（或地区）的教育制度或教育实践进行比较研究，并发现不同国家教育的特殊规

①杜甘．国家的比较［M］．文强，译．北京：社会科学文献出版社，2010：1-2.
②张铭，严强．政治学方法论［M］．苏州：苏州大学出版社，2003：227-228.

律和普遍规律的方法①。从公共政策视角看，在进行学校体育政策比较研究时，依据可比性和统一性的标准，既可以采取纵向比较，也可以采取横向比较，比较分析是政策研究的重要方法之一②。本书主要以 20 世纪 80 年代以来的中国与西方部分发达国家的学校体育政策文本为横向比较对象，并着重从学校体育的治理体系、政策目标及政策工具三个方面进行比较。

（三）归纳推理法

归纳推理法是社会科学研究中常用的方法之一，是指从个别事例推导出一般原理和原则的事物发展的阐释方法③。在公共政策研究中，基于公共政策演进和比较的视角，通过对中国与西方部分发达国家主要的学校体育政策文本的叙事特征、政策主题、政策内容等的归纳分析，能够发现不同国家学校体育的治理机制、政策目标及政策工具的异同。

①吴文侃，杨汉青．比较教育学［M］．北京：人民教育出版社，1999：8-9.
②王惠岩．政治学原理［M］．北京：高等教育出版社，2010：6-7.
③巴比．社会研究方法［M］．北京：华夏出版社，2018：56-57.

第二章
CHAPTER 02
学校体育治理体系的比较

新时代加快推动社会各项事业治理体系和治理能力现代化是党中央、国务院的重大战略部署，对实现民族复兴、国家振兴具有重大意义。学校体育事业作为我国社会各项事业的组成部分之一，被党中央、国务院赋予了特殊的使命，承载着“为党育人、为国育才”的重大任务，肩负着新时代培养青少年强健体魄的历史重任。新时代我国学校体育在从“管理”走向“治理”的过程中，既需要立足国情积极探索符合经济社会发展的学校体育治理新方法、新体系，也需要放眼四海及时了解欧美发达国家学校体育治理的新动向、新体系。基于此，从治理体系的视角对中外学校体育政策进行比较，能够发现中外学校体育治理体系的异同，并为新时代我国学校体育治理体系的优化提供经验与启示。

第一节　中国学校体育的治理体系

中华人民共和国成立以来，党和政府高度重视青少年体质健康和学校体育工作。为促进青少年体质健康的增强和抓好学校体育工作，从党中央、国务院到地方党委、政府，从教育部、国家体育总局等政府组成部门到团中央、全国妇联等群团组织都先后制定了促进青少年体质健康和做好学校体育工作的政策文件。这些政策文件的颁布既为我国学校体育事业的发展作出了贡献，也为探索符合我国国情的学校体育治理范式和治理体系作出了贡献。但随着经济社会的快速发展与久坐行为、视屏时间的增加，以及青少年近视和肥胖的日益增多，对学校体育的治理体系和治理能力日益提出了更高的新要求，这也是实现我国治理体系和治理能力现代化的重要组成部分和新要求。

一、中国学校体育治理的政策环境

从我国学校体育治理的经济环境来看，《关于加强青少年体育增强青少年体质的意见》（以下简称中央 7 号文件）和《学校体育工作条例》都明确要求加大学校体育经费投入，以保障学校体育的良性运行。在中央部委层面，教育部、国家体育总局、财政部等部委从制度设计上保障了相关学校体育事业发展的制度安排。如 2019 年 6 月 13 日，教育部办公厅新颁布的《关于开展体育美育浸润行动计划的通知》（教体艺厅函〔2019〕41 号）就明确了学校体育经费的来源，该文件指出“行动计划所需费用由教育部、省级教育行政部门及试点高校共同承担。教育部通过中央财政专项经费给予体育美育浸润行动计划一定的补助”，并强调要专款专用，省级教育部门要提供配套经费和政策支持，以保障计划全面实施。国家开展的“校园足球”振兴计划除了教育部专项经费支持外，国家体育总局也每年安排专项经费用于全国校园足球的发展。在地方省级层面，如上海市颁布的《上海市中小学体育工作管理办法》中第十二条就明确规定了完善学校体育发展经费投入保障机制，将“一条龙”学校开展相关项目教学、训练、竞赛、场地开发、师资队伍建设及科研等所需经费，纳入财政预算并予以保障①的学校体育刚性投入条款。上海将事关学校体育发展的所有经费打包提供“一条龙”纳入财政预算并予以保障的举措，既是我国省级层面学校体育经费投入的政策创新，也是解决学校体育长期以来经费捉襟见肘的关键举措，对推动上海学校体育的良性发展无疑具有重大意义。可见，我国学校体育事业发展所需的经费来源既包括教育部、财政部、国家体育总局、地方政府等部门的财政拨款、专项拨款、事业经费及相关运行经费等（中央部委针对学校体育事业发展的经费多为专项建设经费），也包括省级及以下地方政府针对学校体育事业发展财政拨款，主要

①上海市教育委员会，上海市体育局，上海市人力资源和社会保障局，等. 关于印发《上海市中小学体育工作管理办法》的通知［EB/OL］.（2019-12-31）［2020-09-10］. https://www.shanghai.gov.cn/nw48913/20200929/0001-48913_64691.html.

包括教师工资、体育器材、新建体育场地及场馆的专项经费、体质健康测试经费及学校体育相关运行经费等。另外，还有学校日常运行经费中安排的少量学校体育维持费及个别社会捐赠专门用于学校体育的少量经费。

从我国学校体育治理的政治环境来看，中华人民共和国成立以来，党中央、国务院高度重视学校体育工作，先后围绕做好学校体育工作和推进学校体育改革颁布了一系列政策文件。中华人民共和国成立初期，政务院立即着手解决青少年学生体质健康促进的问题，并于1951年8月颁布实施了政务院决定，该文件要求各级政府必须严肃对待和立即纠正忽视学生健康，以及不负责的态度。要增强学生身体健康，每日必须上1～1.5小时的体育课，切实做好体育教学和加强学生体格锻炼①。该文件从中央层面着手解决青少年体质健康促进与学校体育的问题，及时扭转了各级政府和学校对学校体育工作不负责和忽视学生健康的局面，树立了学校体育工作进入党和国家治理视野的范式，为以后我国学校体育治理“开好头，起好步”创造了良好的政治环境。1990年2月，经国务院批准，国家教委颁布的《学校体育工作条例》进一步确立了学校体育工作的法定地位。21世纪，中央7号文件的颁布进一步将学校体育工作和青少年体质健康促进上升为国家战略的高度。新时代，促进青少年“体魄强健”、“强化体育课”进入党的十九大报告，成为党的使命和责任。由此可见，学校体育始终是党和政府高度重视的工作，做好学校体育工作，推动学校体育治理具有良好的政治环境。

从学校体育治理的社会文化环境来看，长期以来我国学校体育工作在实际执行过程中时常陷入“说起来重要，做起来次要，忙起来不要”的窘境，致使学校体育工作陷入这一困境的根本原因在于社会和文化普遍对学校体育工作的“刻板印象”，即我国社会、文化和人们心里对学校体育工作的认同度长期不高，在应试教育裹挟下，学校体育始终让步于所谓文化课的学习②。近年来，随着我国社会、经济的快速发展，以及人们对体育健康促进认识的提高，这种现象虽有一定程度的改观，但仍然有很大的提升空间。目前仍然存

①国家教委体育卫生司．学校体育卫生工作文件选编［M］．沈阳：辽宁大学出版社，1988.

②张文鹏，王健．新中国成立以来学校体育政策的演进：基于政策文本的研究［J］．体育科学，2015，35（2）：14-23.

在“学科地位边缘化”“学科发展缺乏应有的社会支持”“体育教师专业权威展示不畅”“体育教师职业热情消解”①“体力活动环境总体不佳，发展不均衡、不充分、不协调”② 等诸多问题。因此，应在有序、平衡和协调原则的基础上，进一步激发我国学校体育教育的环境活力，营造良好的文化社会环境氛围和完善社会环境生态③，以促进我国学校体育的良性发展和协调运行。

二、中国学校体育政策的治理机制

中华人民共和国成立以来，我国的学校体育从学习苏联模式到探索、调整和改革并形成了具有中国特色的校内体育课、课余体育活动、课余体育竞赛到校外体育活动与训练相结合的学校体育政策运行与治理机制。这一机制随着改革开放和经济社会的快速发展，校内体育课从教学大纲、教学计划的“一纲一本”大一统到“一纲多本”“满天星”的时代，向国家体育课程标准的时代转向，校内课余体育活动、体育竞赛等基本仍沿用以往的运行模式，明显的变化是校外体育活动和体育训练随着社会各项事业改革的逐步加速，如受青少年宫、业余体育训练学校改革和重构等因素的影响，以往青少年宫和业余体校承担的校外体育功能逐渐消解并市场化运行，致使青少年校外体育活动和校外体育训练出现不均衡、不充分与不协调发展的情况。新时代，党中央、国务院高瞻远瞩，高度重视青少年体质健康和体魄强健，从“为党育人、为国育才”的战略高度，由中央全面深化改革委员会第十三次会议审议通过了《关于深化体教融合 促进青少年健康发展的意见》的重大政策文件。该文件从破壁垒、建机制、塑体系、补短板、变理念及要创新的维度④擘画了新时代学校体育改革与治理的政策框架与路线图，以构建新时代学校体

①唐炎，周登嵩．体育教学社会环境的构成及其影响——关于体育教学的社会学分析［J］．北京体育大学学报，2009，32（8）：71-74.

②向剑锋．体质弱势青少年体力活动环境的社会生态学研究［J］．武汉体育学院学报，2019，53（8）：23-30.

③王晓刚．我国普通高等学校体育教育的社会环境压力机制研究［J］．首都体育学院学报，2020，32（4）：333-337.

④国家体育总局，教育部．体育总局 教育部关于印发深化体教融合 促进青少年健康发展意见的通知［EB/OL］．(2020-08-31)［2020-10-09］．http://www.gov.cn/zhengce/zhengceku/2020-09/21/content_5545112.htm.

育治理“动起来，亮起来，活起来”的新机制，实现学校体育立德树人、为党育人和为国育才的目标。

第二节　英国学校体育的治理体系

英国学校体育治理形成了跨部门协作、政府部门与社会组织协同发展及合作共赢的治理体系，并且这种协作并不是上下级的附属关系，而是以一种合作伙伴关系进行协商治理和政策执行。尽管英国两党执政的交替治理对英国学校体育治理和政策的变迁产生了一定的影响，但英国对学校体育特别是国家体育课程标准始终予以重视，并将国家体育课程标准置于学校课程教育的基础地位，以促进青少年掌握体育技能、形成体育习惯、预防肥胖，以及提升青少年体育参与率，促进青少年身心健康与素质教育的全面发展。

一、英国学校体育治理的政策环境

从英国学校体育治理的经济环境来看，1994 年之前，学校体育的资金来源主要是教育部的拨款。随着对青少年体育愈加关注，专用于此的青少年体育信托基金会（Youth Sport Trust，YST）成立，YST 是开发和实施“高质量体育项目”的重要工具，项目之一就是 1995 年启动的国家青少年体育项目（National Junior Sport Programme，NJSP）①。2010 年联合政府执政，时任英国教育大臣的迈克尔·戈夫宣布对文化、媒体和体育部（Department of Culture，Media and Sport，DCMS）、青年信托基金等用于学校体育与教育的经费进行大幅度削减，原因在于学校体育的合作伙伴在过去 7 年里花费了 24 亿美元。在伦敦奥运会的压力之下，2013 年首相办公室宣布设立身体教育和体育津贴基金，并在今后的两年里，每年从教育部（8000 万英镑）、卫生部（6000 万英镑），以及文化、媒体和体育部（1000 万英镑）的现有预算中拨款 1.5 亿英

①Houlihan B，Green M. The changing status of school sport and physical education：Explaining policy change sport［J］. Education and Society，2006，11（1）：73-92.

镑用于基础的学校体育教育。这一数字在2017年翻了一番，达到了每年3.2亿英镑，并通过增加预算对体育、体育活动和体育运动的质量作出额外和可持续性的进一步改善（图1）。

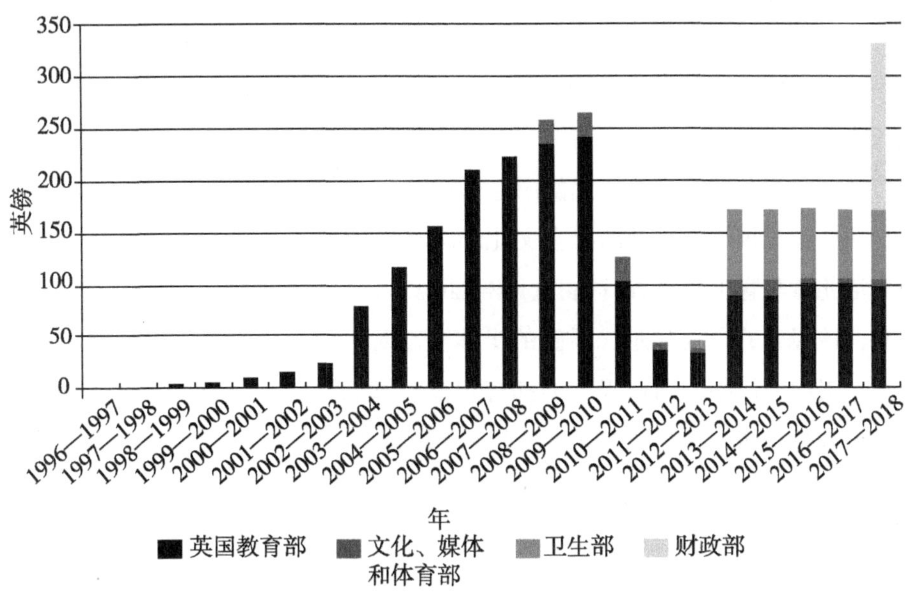

图1　身体教育和学校体育的专用资金分配①

从政治环境来看，英国学校体育治理受两党交替执政的影响，其学校体育政策也随着执政党的交替处于不断变化之中。如不同的执政党根据对竞技体育或身体教育的侧重不同而制定不同的学校体育政策，并设立不同的基金平台为学校体育发展提供资金，但从总的学校体育治理方向来看，执政党都加强了对学校体育的控制，尤其是英国的国家体育课程标准被牢牢地把控在联邦政府手中。从历史上看，英国的教育体系涉及许多不同组织的融合，包括联邦政府、政府组成部门、有组织的宗教、个人以及私立学校等。这种差异今天仍然存在，在整个教育系统中有各种不同的学校，包括文法学校、自由学校和专科学校，这就造成了英国学校体育治理除国家体育课程标准外，

①Lindsey I. Analysing policy change and continuity: physical education and school sport policy in England since 2010 [J]. Sport, Education and Society, 2018:1-16.

其他领域似乎处于“松绑”的自治状态。这种方法表面上看是将权力直接下放到各个学校，实际上是削弱了地方政府的教育管理权，从而让联邦政府逐步集中和控制教育政策①。最近的教育白皮书《教育卓越无处不在》（*Educational Excellence Everywhere*）宣称，到 2022 年所有学校都必须转型为专科学校，就很好地说明了这种教育权集中化的趋势。而对于身体教育和体育活动津贴基金的使用更是直接拨到学校，尽管英国教育部就如何使用这笔资金提供了指导，但学校实际上拥有自主权，可以按照它们认为最能满足学习者和更广泛利益相关者需求的方式使用这笔资金。

从英国学校体育治理的社会文化环境看，2018 年英格兰体育协会发布积极生活儿童与青少年调查（the Active Lives Children and Young People Survey）报告，该报告的数据显示，活跃的身体活动对不同年龄段的学生在能力、理解力、兴趣、信心、知识等方面都有积极的影响。目前，虽然英国有 300 万名儿童进行身体活动，但 230 万名儿童并没有达到平均每天 30 分钟的活动时间。随着肥胖成为困扰世界各国青少年健康成长的主要问题，如何促进英国青少年儿童参与身体活动、掌握运动技能日益成为全社会关注的焦点，也是英国学校体育治理的重点。

二、英国学校体育政策的治理机制

英国学校体育治理的政策网络由青少年和体育利益相关者的一切广泛团体组成，政策制定、执行及评估的主导官方部门是英国教育部（Department of Education，DoE），文化、媒体和体育部（DCMS），卫生部（Department of Health，DoH），文化部（Department of Culture，DoC），以及儿童、学校和家庭部（Department for Children，Schools and Families，DCSF）等部门参与协同治理与提供支持，半官方机构包括英格兰体育协会（Sport England，SE，前身是 English Sport Council）、英国奥林匹克协会（British Olympic Association）和足球协会（Football Association）、英国中央体育娱乐委员会（Central Council

①Ball S J. The tragedy of state education in England：Reluctance，compromise and muddle—a system in disarray［J］. Journal of the British Academy，2018，6：207-238.

for Physical Recreation)、英国体育发展办公室(Sports Development Officers, SDOs)等,慈善组织与协会如英国青少年体育信托基金会(YST)、全国教师联盟等,媒体也是影响英国学校体育治理和学校体育政策的主要角色。英国学校体育治理的政策网络形成了一种合作伙伴的关系,并由多方合作参与协同治理。2002年10月成立的体育教育、学校体育和俱乐部战略联盟(Physical Education, School Sport and Social Sport Club Links Strategy, PESSCL)是英国学校体育治理的典型范式,PESSCL的核心计划,即学校体育合作伙伴计划(School Sport Partnerships, SSP)就是多方合作参与协同治理的学校体育发展模式。

SSP计划的重要机制就是学校俱乐部联盟(School Club Links, SCL),由教育与技能部(DfES)、DCMS具体执行,旨在提高国家管理机构认可的体育俱乐部中5~16岁成员的比例。具体来讲,学校俱乐部联盟要将其中5~16岁成员的比例从2002年的14%提高到2008年的25%。学校俱乐部联盟工作链是通过国家管理机构、体育俱乐部和学校之间的正式合同资金安排来管理的,英格兰体育协会正式对DCMS负责。最初22所国家管理机构接受了来自英格兰体育协会的资助,以帮助体育俱乐部与学校建立可持续的、有效的联系。这些受到严密监控的协议反映了工党政府在公共部门服务中追求效率、跨部门和问责所做的积极努力(图2)。

基于这一传统,旨在促进全人群健康的活力伙伴计划(the Active Partnerships)通过转变地方角色,形成了一个由44个独立的地方体育合作伙伴组成的全国性网络,并与体育促进发展联盟(Sport for Development Coalition)、英国社区娱乐协会(Community Leisure UK)、活动联盟(Activity Alliance)、文化及娱乐事务办公室(Chief Cultural & Leisure Officers)等社会组织或公司进行合作。通过采用系统的整体协作方法,活力伙伴计划促进积极的生活方式成为每个人的社会规范,致力于解决令人担忧的青少年身体活动不足的状况。这些机构深入了解当地社区的需求,为跨部门的伙伴关系牵线搭桥,支持建设一支热情包容的工作队伍,让社区参与进来,并分享在当地行之有效的经验。在学校体育方面,政府体育工作部门、起带头作用的运动委员会和一些国家体育管理机构,如英格兰足球协会、篮球协会、板球协会都致力于青少年体育的协同治理。学校及体育服务供应商共同努力增加课外体育活动的机

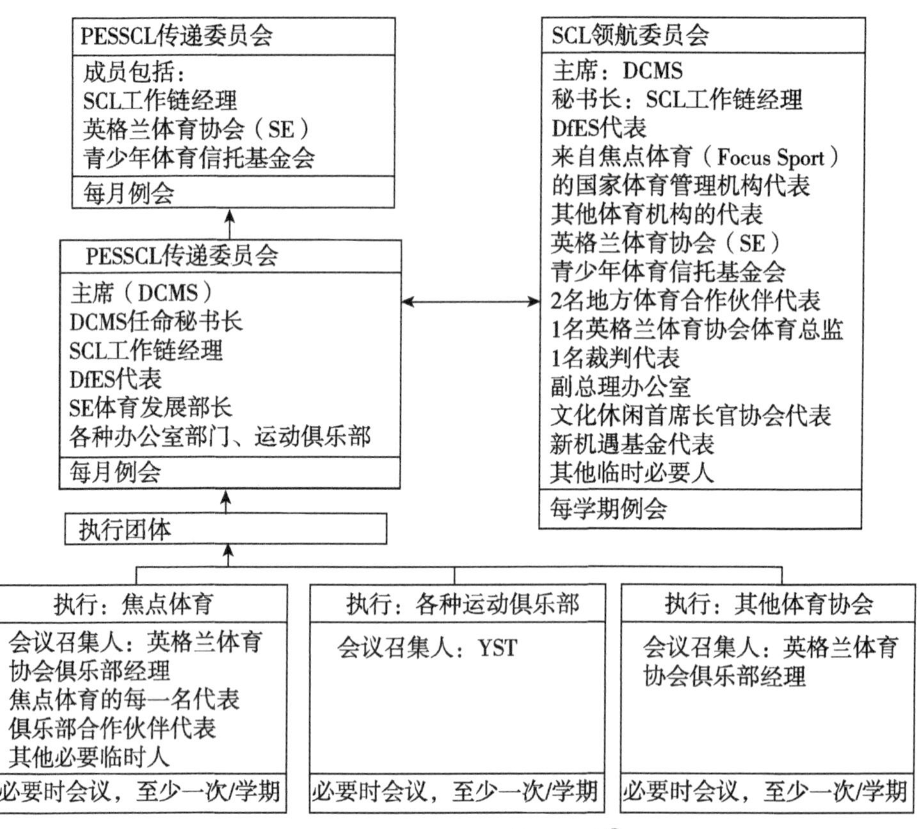

图 2　学校俱乐部联盟管理安排①

会，包括 400 个新英格兰体育卫星俱乐部。体育部门通力合作，确保俱乐部项目和体育课程的一致性、高质量和可接触性，并在数字市场开放和共享它们的机会数据，如英格兰和威尔士板球委员会针对小学生的“全明星”项目。这种官方部门与社会团体相辅相成、共同协作的政策制定与执行体系使英国学校的体育发展保持生命力。

注重跨部门合作是英国学校体育政策制定与执行的一大特点与优势，以实现青少年在体育活动基础设施、校外活动的全方位覆盖。联邦政府的《25 年环境规划》强调了儿童玩耍、在户外活动以及与自然世界接触对他们身心健康的重要性。为此教育部、环境部（Department for the Environment）及英格

①Phillpots L，Grix J. New governance and physical education and school sport policy：A case study of school to club links［J］. Physical Education and Sport Pedagogy，2012（19）：76-96.

兰自然协会（Natural England）正在合作开展一项为期四年的1000万儿童和自然项目，这将帮助学生（特别是来自贫困地区的学生）更好地接触自然环境，以促进他们的身心健康。体育和体育活动也被纳入其他重要的跨政府优先项目。

第三节　美国学校体育的治理体系

美国学校体育政策形式既包括联邦政府与国会颁布的《教育法案》《业余体育法》等法律法案，也包括教育部、美国卫生与公共服务部（HHS）、美国疾病控制和预防中心（CDC）、美国健康与体育教育协会（SHAPE America）等政府部门和非政府部门颁布的计划、方案和标准，还包括如库珀有氧运动研究所等社会组织研发的建议与指导。内容涵盖了课程教育、活动策划、课余和课后体育活动、教师培养、场馆设施、经费来源、大学体育发展等多个全面且具体的领域，更通过建立监督评价系统、“每天喊出来（Speak Out! Day）”等活动激励并保障青少年儿童体育活动的展开。总体来看，美国学校体育治理体系中没有设立特定的国家行政组织，权力较为分散，其涉及的政策制定与执行主体从联邦政府到地方政府部门，其中非政府组织、社会团体以及个人的资助与培养也发挥着重要的作用。因此，美国学校体育形成了一套形式多样、内容丰富、执行主体多元的治理体系，为美国促进学校体育良性运行提供了制度基础。

一、美国学校体育治理的政策环境

从美国学校体育治理的经济环境看，根据2009年美国健康与体育教育协会（Society of Health and Physical Educators，SHAPE）的调查，美国学校体育教育预算中值为每学年764美元，其中小学为460美元，初中为900美元，高中为1370美元。在学区和学校体育项目的资金方面，超过一半的州（58.3%，48个州中的28个）设立了普通教育资金，14个州（29.2%）设立了学区拨款，1个州（科罗拉多州）设立了一项特殊拨款，其他5个州

(10.4%)设立了其他类型的资助。此外,有些州报告说,体育项目可获得额外资金,如竞争性赠款奖励。政府拨款只是学校体育政策执行的一部分,由于教育经费部分来自地区居民的房地产税,非政府部门和社会组织对学校体育的支持才是最重要的资金来源。

从美国学校体育治理的政治环境看,在1783年美国成立之初,宪法就没有确立教育权限的归属,按照宪法未授予并且未限制授予各州的权力即属于各州管辖的规定,教育权被置于各州的管辖范围内①。因此,在不同的州,美国的学校体育教育开展情况与评价标准都存在差异,并没有强制执行和统一的联邦体育教育标准。尽管联邦一级也会针对学校体育制定法律与准则,但其主要功能是协调各州教育工作并负责全国性的教育统计。许多州的学校体育政策都很宽泛,具体的执行细节可以在地方一级进行解释,这使每个州在学校体育管理方面具有较大的自主性与灵活性,而这种体制带来的挑战就是学校体育政策缺乏统一性与约束力,所以很多州对联邦一级的政策执行程度远远达不到标准。例如,综合性学校体育活动计划(CSPAP)中规定,确保儿童和青少年每天进行60分钟体育活动,但只有少数几个州要求学校每周为学生安排最少的体育活动时间,33.3%的州对小学有这一要求,而只有24.5%的州对初中和9.8%的州对高中有此要求②。另外,州政府对联邦一级学校体育政策有替换、豁免和放弃的权力。

从美国学校体育治理的社会文化环境看,美国社会对儿童青少年的身体健康有较高的关注度,且基础设施配备齐全。美国中小学体育场馆设施完备,多数学校都配备有田径场、游泳设施等,而学校体育与社区体育设施共享共用,为青少年体育提供了坚实的保障。美国国会还通过第66号任务(MISSION 66)规定了体育设施建设的标准和经费,各地方政府也根据联邦的税收政策引导私人资金流向公共场馆建设。2002年美国总统布什签署了《不让一个孩子掉队》(*No Child Left Behind*)法案,主张以全国统一考试成绩确定学校的补贴金比率,致使各州纷纷削减体育课时,加大对数学、阅读等文

①曲宗湖,杨文轩.域外学校体育政策传真[M].北京:人民体育出版社,1993:202-244.

②燕凌,李京诚,韩桂凤.美国中小学学校体育发展的政策困境分析[J].首都体育学院学报,2016,28(1):41-45.

化课程的投入，但随着美国青少年肥胖率的升高与锻炼不足的情况恶化，人们对青少年减重、促进健康的呼声愈演愈烈，纷纷要求加强和促进青少年的身体运动，并认为学生60%的时间都在学校，学校理应担负起这个责任，而《让每个学生成功行动法案》（*Every Student Succeeds Act*，ESSA）的推出，将青少年学生的身体活动重新纳入了学生成长的框架中，这为学校体育发展提供了一系列政策与资金的支持。

二、美国学校体育政策的治理机制

美国对青少年体育的管理权并不是集中在联邦政府手中，而是呈现出“社会管理”的典型特征。联邦政府与州政府并不是纯粹的科层制式的下级服从上级的关系，而是一种趋于平行的关系网络。这就形成了以联邦政府、教育部门、卫生部门、健康与体育教育协会（SHAPE），总统体育、健身和营养委员会（PCFSN）等为政策制定主体，并肩负起青少年健康与身体活动政策、标准与指导的设计及颁布的责任的模式；以劳动部、住宅与城市规划部等为政策执行和保障主体，负责青少年身体活动基础设施的建设与维护的模式；以州政府、教育委员会、学区、中小学联合会、基督教青年会（YMCA）、体育俱乐部等为落实者，从而促进美国青少年学校体育政策的执行。美国校外体育主要通过HHS、CDC等机构颁布政策、标准、指南以及奖励等“柔性”形式的计划来推动青少年积极地参与校外的体育活动①。

从州政府层面来看，地方各州政府形成了以州宪法为权威，以地方规章、规则和行政法规为边界，以政策建议与指南为具体执行的一套学校体育治理的运行机制，制定主体包含地方教育委员会（SBOE）、地方教育委员会批准的教育部（DOE/SBOE）、教育部（DOE）、地方药剂委员会（BOP）、地方健康委员会（SBOH）、地方卫生委员会（SBON）、健康部门（DOH）、农业部门（DOA）、地方健康咨询委员会（SHAC）以及非政府组织。在非中央集权治理和决策集中时，地方一级（即地方控制）享有自治的管理权限，如提出建议和政策指导而不是强制性标准，以彰显地方一级在学校体育治理中的重要性。即

①张文鹏．中国学校体育政策的发展与改革研究［D］．武汉：华中师范大学，2015：107-109.

使在地方控制程度较低的联邦州，政策指导也是重要的第一步，为以后采取具有约束力的政策奠定基础。由此可以看出，美国地方联邦各州在教育立法和管理活动方面具有多样性，由此产生的政策和执行方法也具有多样性。

第四节　德国学校体育的治理体系

德国学校体育治理构建了以校内体育教学为基础，以课外青少年体育俱乐部为补充，以体育协会参与指导为纽带的治理体系。从德国校内外的体育合作发展看，德国非常重视中小学体育活动与校外体育俱乐部的合作，形成了青少年体育选修课和课外体育活动依托俱乐部、体育协会开展的惯例。从德国学校体育治理实践看，“二战”后德国文化部和德国体育联合会就联合签署了相关协议，开启了中小学与体育俱乐部进行课外体育活动合作的探索及尝试，并经过长期的实践探索，于 1972 年由德国文化部、德国体育联合会、各州体育联合会与各州教育局长共同签署了“学校体育锻炼计划”文件。该文件的签署和实施，推动了德国中小学体育活动与校外体育俱乐部合作的合法化进程，确立了德国中小学体育活动与校外体育俱乐部合作的治理基础。

一、德国学校体育治理的政策环境

从德国学校体育治理的经济环境看，德国联邦政府和联邦州政府对体育活动都特别重视，因而对体育的投资也比较充裕。1960—1990 年，德国联邦政府斥巨资实施了三个阶段的“黄金计划”，旨在完善体育活动场地面积、要求与规格以促进德国包括青少年在内的大众体育活动参与。1999 年，政府又规划了上亿马克的预算，实施了“东部黄金计划”①。在学校体育方面，政府与社会共同投资，形塑了德国学校体育的蓬勃发展。德国体育场馆的一个重要特征就是呈现出与学校相结合的发展态势，大多数体育场馆建设在学校内

①钟丽萍，艾玲．美、德、日、俄体育政策法规发展特征及启示［J］．湖南工业大学学报（社会科学版），2018，23（3）：123-128.

部，既可以作为公共体育设施进行使用，也为学校体育活动提供了场地支撑，而体育场馆、设施的维护保养费用是由政府专项基金拨款支持。联邦政府支持州政府制定的《全日制学校计划》就是促进青少年儿童便利设施使用的最大投资政策之一。德国各州政府还为学校体育的实施颁布了很多优惠政策，除了对体育社团提供直接资助外，还对一些体育俱乐部、协会组织等制定减税与个人所得税减免的政策①。另外，德国政府对学校体育的投入还体现在体育课程的开设方面。德国的学校体育课程非常丰富和多元化，包括竞赛类、体操类、登山类、对抗竞技类等不同的体育运动类型。在体育课程的实施上，除了学校体育课程教学外，主要就是依靠社会团体、俱乐部的共同推进。

从德国学校体育治理的政治环境看，德国是联邦制国家，分为联邦、州、市镇三级，共有 16 个州，而这 16 个州具有独立的文化主权管理制度。在德国，教育事业只受到联邦政府的监督，各州有较大的自主权。就学校体育而言，联邦政府负责全国法律与指导意见的颁发，而具体的中小学的体育课程目标、课程内容设置、教学大纲等都是由各州的教育主管部门制定与执行，且德国是世界上第一个将体育教育纳入学校整体教育规划之中的国家，联邦及各级政府对学校体育比较重视，并在制度层面给予学校体育充分的保障。德国的体育法规制度较为健全，《宪法》《教育法》《青少年保护法》等一系列法律中都规定了公民参加体育活动的权利。如德国宪法就规定了每个公民都享有体育活动的权利，全社会给予青少年儿童健康成长以足够的关心，全国体育设施向青少年免费开放等②。

从德国学校体育治理的社会文化环境看，德国联邦政府认为，体育可以满足人的基本需求，也是现代社会生活至关重要的一个部分。作为一个热爱体育运动的国家，家长也特别注重孩子的体育活动。德国中小学的上学时段较少，小学在中午十二点前放学，中学在下午两点前放学，因而拥有足够的时间进行体育运动，家长经常带着孩子到职业或非职业体育俱乐部进行学习

①张华．德国学校体育课程设置情况综述［J］．亚太教育，2016（35）：226.

②段琼．德国学校体育发展的创新模式及其启示［J］．体育文化导刊，2015（10）：167-170，193.

与活动，假期和周末进行体育活动是德国家庭的普遍选择①。尽管现在部分州的中小学已采取全日制学习模式，但半日制依然是人们所拥护的。德国社会离不开体育，体育娱乐、消费、健身成为人们的日常生活方式，体育文化深深地影响着德国人的生活样态和生活方式，形塑了德国人活力、坚毅、勇敢的精神，彰显了生命在于运动的价值观和生活观。可见，德国学校体育也透露出一种“观照生活”的价值观倾向②，强调体育活动应与智力活动、艺术审美活动等结合起来。

二、德国学校体育政策的治理机制

从德国学校体育政策的制定与执行主体来说，德国的学校体育治理形成了联邦—州—市镇—学校的治理体系。联邦政府负责全国性法律与学校体育课程的指导性文件，各州根据各自的体育特色与活动开展情况进行体育课程标准的制定与执行，学校作为基本单位进行自我管理。德国学校体育的主管行政部门主要是教育部门，青少年体育部门起辅助的协同治理作用。教育部门负责日常的体育教学活动，体育教学是法定的必修课程。而体育局组织的青少年的课外体育活动，对一些体育协会与俱乐部组织青少年体育活动提供指导与规范③。在学校体育的考核与评估方法上，德国制定并颁布了特定的考核指导，注重学生的自我评价与个体评价相结合，同时由于德国校外体育活动体系健全，也会参考校外体育活动评价④。

从德国学校体育治理的实践看，德国青少年学校体育包括必修、选修与课外体育课程。必修课程是学校强制执行的，主要是基础的体能训练与社会普及度较高的体育项目，选修课程的选择内容则十分多样，除了“篮排足”“乒羽网”，还包括跆拳道、轮滑、潜水等小众项目，尽可能满足不同年龄、

①赵强．德国学校体育课程设置的特征、理念及启示［J］．教学与管理，2017（24）：122-124.

②蒋远松．新课程标准视野下管窥德国中小学校体育教学［J］．教学与管理，2014（26）：59-60.

③董翠香，朱美珍，季浏．发达国家学校体育发展方式及其对我国的启示［J］．体育学刊，2012，19（4）：72-76.

④赵强，王兴一，燕飞．德国中小学体育教育制度调查及启示［J］．河北体育学院学报，2017，31（2）：53-57.

不同爱好的青少年参与体育活动的个性需求。另外，各州对校内体育活动的规定与指导不一，如在北莱茵—威斯特法伦州，初中生的每周体育课时间是3学时，每学年40周。五年级到十年级共720学时的体育课，分为460学时的必修课程和260学时的选修课程①。而巴伐利亚州的体育课程达到每周四节。德国学校体育的课外体育课程主要是根据学生的自主兴趣选择项目，一般是通过俱乐部的形式参与。可见，德国青少年的校外体育活动形成了学校、俱乐部、协会三方协同的治理体系。

由上可知，德国的学校体育治理形成了以校内学校体育教学为基础，以课外青少年体育俱乐部活动为补充，以体育协会参与指导为纽带的治理体系，其中青少年学生的体育选修课程与课外体育活动的开展都需要依靠俱乐部和体育协会的资源。德国中小学与校外体育俱乐部的合作由来已久，早在1955年，德国体育联合会和德国文化部长会议就联合签署了“支持学校体育教育的建议”，开启了体育俱乐部与学校合作的先河。1972年，德国文化部、德国体育联合会、各州体育联合会与各州教育局长共同签署了“学校体育锻炼计划”，进一步从政策层面支持体育俱乐部与学校积极开展体育活动的项目合作。尽管德国有校内体育俱乐部与校外体育俱乐部之分，但青少年学生可以自由、自主选择校内外的体育俱乐部，并且大多数都可以自由流动，实现了学校体育俱乐部与校外体育俱乐部的相互融合②。

第五节 日本学校体育的治理体系

日本学校体育治理形成了政府主导下的学校体育治理体系，关于学校体育发展的整体规划、发展架构、政策设计等均由政府主导。从政策制定主体看，日本国会、内阁、文部省等主要负责学校体育方面的法律和重大政策文件的制定与颁发，如《体育振兴法》《体育基本法》等。日本文部省同时又负责如《学习指导要领》等具体文件与标准的制定、修订与颁布，其余如日

①刘志国．德国北莱茵—威斯特法伦州中学体育教育的实践及启示［J］．体育与科学，2013，34（5）：55-58.

②薄全锋．赴德国学校体育考察报告［J］．中国学校体育，2000（1）：65.

本体育协会等也会进行政策与指导意见的补充。从政策执行主体看，主要包括中央的文部省、作为基层体育行政人员的体育推进委员及体育团体。从治理效果看，主要是通过一系列的中小学能力测验与全国范围内的国民体质测试进行评估。从治理内容看，日本学校体育包括校内体育课程、课外体育活动及健康教育等内容。日本中小学的体育课为必修课，需要按国家统一的体育课程标准向中小学生授课，要求中学阶段必须设立运动部，且由校长担任运动部长指导学校体育工作。

一、日本学校体育治理的政策环境

从日本学校体育的经济环境看，日本体育振兴的资金来源主要有三个渠道，分别是一般财政预算、体育振兴基金及体育振兴彩票收益中的专项资金。就目前来看，一般财政预算是体育振兴的主要财源，也是开展学校体育的主要资金来源。21 世纪以来，一般体育财政预算持续增长，2011 年达到 228 亿日元，与 2002 年的 122 亿日元相比，投资将近翻了一番，占当年文部省年度预算的 0.4%左右，其中学校体育占 23.3%，而这一数字还并不包括一些青少年体育设施的建设费用。进入 21 世纪以来，日本体育振兴预算稳定维持在 450 亿日元左右，其中学校体育相关资金占 11%左右。尽管受泡沫经济与日本地震的影响，日本的经济状况持续低迷，但由于 2020 年东京奥运会的举办，日本对于体育包括学校体育在内的投入并未削减，2020 年文部省体育局对体育振兴的概算在 412 亿元左右，其中学校体育仅活动改革及武道指导的概算投资就达 2.74 亿日元。

从日本学校体育治理的政治环境看，日本学校体育的管理属于政府主导型，政府负责学校体育的整体规划与发展架构，在国会、内阁和文部省出台的多个法律和政策中，青少年体育及学校体育都占有较大的篇幅且作为发展的重点目标。如《体育基本计划》的首要目标就是实现青少年健康成长，重视与他人合作，促进一个重视纪律与公正的社会的建设。日本文部科学省是学校体育治理的主要管理部门，负责学校体育活动的指导、预算拨给、设施建设、师资培训等一系列事关学校治理的大小事务。就中央与地方学校体育治理方面，文部省体育局与都道府县、市区町村教委体育保健科形成了三级学校体育治理模式[①]，构建了覆盖全国的学校体育治理网络。随着社会体育组织的壮大，政府治理开始以“只管不办”为边界，注重社会组织的培育[②]。

从日本学校体育治理的社会文化环境看，日本是一个典型的通过振兴教育以实现经济社会发展的国家。自明治维新起，日本历届政府就依据日本的社会、经济、生活等需求的不同变化，以教育振兴和发展教育为目标，以改善儿童体质为核心，以学校体育为重点，不断地借鉴、吸收欧美发达国家学校体育治理的有益经验，创新并及时调整本国的体育政策方针，促进青少年儿童身体素质与心理健康的协调发展，从而达成体育振兴和人才立国的策略目标[③]。时至今日，日本学校体育已经经历了生活体育时期（1945—1958）、增进体能时期（1959—1978）、生涯体育时期（1979—1989）、个性化体育时期（1990 至今）[④] 等阶段的发展。2017 年《中日儿童青少年体质健康比较研究结果公报》显示，中国青少年儿童在多个年龄段的身高、体重等体格指标方面要高于日本，而日本青少年在心肺耐力、柔韧性和灵敏协调性等体能指标方面则显著高于中国。但近年来由于全球化、网络化与少子老龄化的影响，青少年使用电子产品越来越频繁，日本青少年的体质健康也呈现下滑趋势[⑤]。据 2019 年日本《全国体力、运动能力和运动习惯等调查结果》的数据显示，7.2%的小学男生除体育课外一周活动时间不足 60 分钟，女生则达到 13.3%[⑥]。因此，增强青少年体质健康和推动青少年体育发展依然是日本政府和社会关注的重点。

二、日本学校体育政策的治理机制

从政策制定主体看，日本国会、内阁、文部省等主要负责学校体育方面

①张文鹏．中国学校体育政策的发展与改革研究［D］．武汉：华中师范大学，2015.

②南尚杰，张斌，郑楠，等．日本体育治理体系及启示［J］．体育学刊，2019，26（4）：73-80.

③毛浓选．日本学校体育政策对青少年体质状况的影响及其对中国的启示［J］．南京体育学院学报（社会科学版），2017，31（2）：99-105.

④金启林．中日青少年体质健康促进政策比较研究［D］．上海：上海师范大学，2019.

⑤于姣，于可红．美国、日本青少年体质研究综述［J］．浙江体育科学，2017，39（2）：80-84.

⑥スポーツ庁．平成 30 年度全国体力・運動能力、運動習慣等調査結果について［EB/OL］．(2018-12-20)［2020-11-01］．http://www.mext.go.jp/prev_sports/comp/b_menu/other/__icsFiles/afieldfile/2018/12/20/1411921_00_gaiyo.pdf.

的法律和重大政策文件的制定与颁发，如《体育振兴法》《体育基本法》《体育振兴彩票法》《日本体育振兴中心法》《体育立国战略》等。日本文部省同时又负责如《学习指导要领》等具体文件与标准的制定、修订与颁布，其余如日本体育协会等也会进行政策与指导意见的补充。此外，日本各地方体育行政机关可以根据学校体育开展的具体情况进行补充。

从政策执行主体看，主要包括中央的文部省、作为基层体育行政人员的体育推进委员及体育团体①。其中文部省主要下设两个部门对学校体育进行治理：一是学校健康教育科和青少年科，如指导全国学校体育的《学习指导要领》就是由学校健康教育科和青少年科来制定的；二是生涯学习局，其下设的青少年教育科和校外教育中心主管学生的校外体育活动，形成了一体化的课堂与校外治理模式②。体育推进委员，如文部省规定的每个中学都必须设置一个校长亲自管理体育活动部的相关事宜。体育团体，如文部省下属的日本体育协会，主要根据不同年龄段青少年体质状况和发展需要，制定不同的体育活动最低标准，以指导青少年学生参与各项体育活动。

日本学校体育治理的政策效果主要是通过一系列的中小学能力测验与全国范围内的国民体质测试进行评估。早在 1963 年，日本文部省就针对 6～9 岁学生颁布了《小学低、中年级运动能力测验实施要案》，后又规定 10～29 岁的青少年必须进行运动能力测试和体力诊断测试，以对日本青少年的体质健康整体上的情况进行掌握和寻求治理之道。此外，在每年的 5—6 月日本会进行全国范围内包括青少年的国民体力测试，发布《全国体力、运动能力和运动习惯等调查》报告，并由文部省牵头撰写包括青少年儿童的《体力、运动能力调查报告书》且向全国公布，以指导日本包括青少年在内的全体国民了解体力、运动能力的情况。

从学校体育治理的内容看，日本学校体育包括校内体育课程、课外体育活动及健康教育等内容。日本中小学的体育课为必修课，需要按国家统一的体育课程标准向中小学生授课，并要求中学阶段必须设立运动部，且由校长

---

①景俊杰．二十一世纪以来日本体育政策运行研究［D］．上海：上海体育学院，2013.

②董翠香，朱美珍，季浏．发达国家学校体育发展方式及其对我国的启示［J］．体育学刊，2012，19（4）：72-76.

担任运动部长指导学校体育工作①。在课外体育活动方面，主要通过俱乐部形式进行开展。俱乐部活动也分为必修和选修，必修由学校确定固定活动内容编入课表，事先由学生在艺术、科学、体育三项中任选其一参与活动。从日本中学生的选择结果看，选择体育的学生居多，选修则根据学生自己的兴趣爱好进行选择②。2010 年文部省颁布的《体育立国战略》明确指出，构建学校与社区体育俱乐部之间的合作体系，形成校内外体育活动的覆盖网络③。在健康教育方面，日本政府制定了《学校营养午餐法》《食育推进基本计划》等政策，以通过增加日本青少年的日常营养供给，为青少年身体素质的增强提供营养健康的餐食计划④。除此之外，日本政府还出台了一系列学校保险政策以应对学校体育的风险，以化解日本学校体育教学过程中的体育伤害事故纠纷。

第六节　澳大利亚学校体育的治理体系

澳大利亚的学校体育治理形成了以澳大利亚政府委员会、教育委员会、体育委员会（Australian Sports Commission，ASC）、卫生署等为主导，以澳大利亚课程评估和报告局，澳大利亚健康、体育教育与娱乐委员会（the Australian Council for Health、Physical Education and Recreation，ACHPER），技能培训委员会及正式与非正式的体育组织为协同的治理体系。近年来第三方机构通过游说也获得了制定学校体育标准（如体育课程标准、体育教师职业标准与体质测试标准等）的部分权力，且正逐渐渗入学校体育政策制定与政策实施的各个环节，第三方机构参与学校体育治理的政策介入能力日益提升。

①陈莉，胡启林. 21 世纪日本促进学生体质健康的举措及其启示［J］. 武汉体育学院学报，2013，47（10）：24-26.

②游兴龙，舒盛芳，蔡艳芳. 日本学校体育现状的研究［J］. 四川体育科学，2014，33（2）：97-100.

③文部科学省. スポーツ立国戦略［EB/OL］.（2010-08-26）［2021-04-10］. http://www.mext.go.jp/component/a_menu/sports/detail/__icsFiles/afieldfile/2010/09/16/1297203_02.pdf.

④毛浓选. 日本学校体育政策对青少年体质状况的影响及其对中国的启示［J］. 南京体育学院学报（社会科学版），2017，31（2）：99-105.

一、澳大利亚学校体育治理的政策环境

从澳大利亚学校体育治理的经济环境看，澳大利亚政府、州和地区政府用于学校教育的经常性开支2016—2017年为578亿美元，其中406亿美元（70.2%）是通过州预算提供的，172亿美元（29.8%）是通过澳大利亚政府预算提供的。国家和州的大部分资金用于公立学校，且教育部门对科学、技术、工程和数学（STEM）这四个学科的投入较大，在体育课程方面往往投入不够①。但国家层面对于青少年体育的投入也不容小觑，澳大利亚体育基金就是为促进包括青少年在内的群体参与体育活动募集活动经费的非营利机构②。如耗资2.4亿美元的体育学校计划就是促进学校参与体育活动的倡议，还有维多利亚州政府也承诺向共享设施基金（Shared Facilities Fund）投入5000万美元，用于社区中心创建的增量提升计划，以促进学校资产的使用效益，如体育设施、早期学习中心、图书馆和表演艺术中心等。

从澳大利亚学校体育治理的政治环境看，澳大利亚政府对体育的关注从1986年“澳式运动”（Aussie sport）项目的提出就有迹象。进入21世纪以来，2001年的“提高澳大利亚的运动能力：一个更加活跃的澳大利亚”计划（Backing Australia's Sporting Ability：A More Active Australia，BASA）、2008年的“澳大利亚体育：新挑战，新方向”计划（Australian Sport：Emerging Challenges New direction）、2010年的“澳大利亚体育：成功的通道”计划（Australian Sport：The Pathway to Success）、2015年的“游戏·体育·澳大利亚计划”（Play·Sport·Australia）、2019年的《体育2030——国家体育计划》（Sport 2030）等政策的相继颁布，均体现了澳大利亚政府在国家层面对大众体育的持续关注和重视。而在青少年及学校体育方面，除了国家层面的体育政策重点提及之外，活跃课后社区计划（Active After school Communities Program，AACP）、体育学校项目等也为实现青少年体育的全面覆盖与具体执行提供了指导。从教育部门来

---

①Bloomfield. Australia's Sporting Success：The Inside Story［M］. Sydney：University of New South Wales Press，2003.

②李卫东，王健，黄睿，等. 国外青少年体质健康促进政策的经验与启示［J］. 武汉体育学院学报，2017，51（10）：13-17.

看，澳大利亚课程评估和报告局（Australian Curriculum，Assessment and Reporting Authority，ACARA）对体育与健康课程的标准与实施经过多次的修订与改正，使学校体育课程不断地符合时代要求与教育目标。

从澳大利亚学校体育治理的社会文化环境看，在全球肥胖与久坐行为快速增长的趋势下，澳大利亚政府也意识到这一问题的严重性，并于2014年由卫生署（Australian Government Department of Health）发布了澳大利亚《身体活动与久坐行为指南（青少年版）》指导文件（Australia's Physical Activity and Sedentary Behaviour Guidelines），该文件分别对0～5岁、6～12岁、13～17岁、18～64岁的人群进行特定的体育活动指导，期望通过宏观的政策指导改变澳大利亚青少年久坐行为和预防肥胖快速增长的现象。2019年澳大利亚又发布了《澳大利亚身体素质框架》，对包括青少年在内的群体的身体活动内容进行了进一步的补充与调整。学校作为青少年体育活动的主要技能习得场域，学校体育教学无疑承担了重要的工作。2008年“墨尔本宣言：澳大利亚青年教育目标”就明确了“体育与健康”教育是八大基础教育核心学习领域之一。然而据2019年10月澳大利亚游戏项目调查显示，2018—2019年度0～14岁儿童每周只进行一次体育活动的比率达到77.2%，而每周进行四次体育锻炼的比率只有14.7%，这一数据更加坚定了澳大利亚政府加强学校体育教育和促进青少年参与体育活动的决心。

二、澳大利亚学校体育政策的治理机制

澳大利亚学校体育的政策制定与执行主要以澳大利亚政府委员会、教育委员会、体育委员会（Australian Sports Commission，ASC）、卫生署为主，具体执行涉及澳大利亚课程评估和报告局、澳大利亚健康、体育教育与娱乐委员会（The Australian Council for Health，Physical Education and Recreation，ACHPER）、技能培训委员会和继续教育委员会，以及一些正式与非正式的国家体育组织。另外，由于澳大利亚对现代项目的重视与传统项目的保护，一些篮球协会、橄榄球协会、游泳协会、板球协会对具体的项目在学校体育的开展也有着一定的话语权。而近年来第三方机构通过游说也获得了制定学校体育标准（如体育课程标准、体育教师职业标准与体质测试标准等）的部分

权力，且正逐渐渗入学校体育政策制定与政策实施的各个环节，第三方机构参与学校体育治理的政策介入能力正日益提升①。

澳大利亚国家课程将学校体育治理的政策执行划分为五个相互关联的行动领域：①专注教育目标；②采用基于能力的方法；③重视运动；④发展健康素质。具体来讲，它又包括三个维度的健康素质：其一是功能维度，研究和应用与知识和服务相关的信息，以回答与健康相关的问题；其二是互动维度，需要更先进的知识、理解和技能，以积极和独立地参与健康问题和应用新的信息，从而改变环境；其三是关键维度，从各种来源（可能包括科学信息、健康手册或媒体信息）有选择地获取和批判性分析健康信息的能力，以采取行动促进个人健康和福祉或他人的健康和福祉。⑤使用批判性的调查方法。澳大利亚政府认识到“学校—家庭—社会”的互动网络对青少年体质健康的全面增强具有重要的作用，认为可透过促进健康的学校政策和程序，以及与家长、社区组织和专业服务的伙伴关系，提升和改善学校的健康环境。如澳大利亚政府专门开设了面向幼儿园至6年级和7～10年级的户外运动的学习课程②。

第七节　中、英、美、德、日、澳学校体育治理体系的比较

社会治理要实现良性运行，需要构建一套适合本国国情的治理体系，这个体系的形成离不开本国的政策环境和治理机制，它是规范相关社会行为的制度化体现。同样，我国的学校体育治理要实现良性运行，也需要一套符合本国国情的学校体育治理体系。新时代要推动我国学校体育治理现代化和治理体系的形成，离不开对中外学校体育治理体系的比较与借鉴。事实上，通过相互比较与借鉴，有助于新时代我国学校体育在从“管理”走向“治理”的过程中及时了解发达国家学校体育治理的新动向、新体系。基于此，从政

①Williams B J，Macdonald D. Explaining Outsourcing in Health，Sport and Physical Education［J］. Sport Education and Society，2015，20（1）：57-72.

②Côté J，Hancock D J. Evidence-based policies for youth sport programmes［J］. International Journal of Sport Policy and Politics，2016，8（1）：51-65.

策环境、治理机制两个维度对中、英、美、德、日、澳的学校体育治理体系进行比较，既能管窥中、英、美、德、日、澳的学校体育治理体系的异同，也能为新时代我国学校体育治理体系的优化提供经验与启示。

一、中、英、美、德、日、澳学校体育治理的政策环境比较

（一）中、英、美、德、日、澳学校体育治理的经济环境比较

从学校体育治理的经济环境看，英、美、德、日、澳五国都属于发达的资本主义国家，是当代西方资本主义国家经济发展的主要代表，经济上整体处于西方资本主义国家阵营前列，所以其学校体育治理的经济环境较好，形成了政府、学校、俱乐部、社区等共同促进学校体育运行的机制。在英国，联邦政府除了对国家体育课程、体育师资培训、校内俱乐部进行各项拨款和补贴外，还对校外体育俱乐部、社区体育俱乐部进行补贴，并通过税收优惠和减免政策，鼓励社会开办各种类型的社区体育俱乐部，以促进英国青少年课后进行体育锻炼。另外，还有政府和非营利组织实施的各种促进学校体育和青少年体育活动的专项经费支持。如为促进校际学校体育活动、竞赛、锻炼、训练等活动，实施的学校体育合作项目就有专门的经费支持①。在美国，学校体育除了联邦通过各种法案进行拨款之外，各州州政府对学校体育的重视程度不同，其经费支持力度也不同，但州政府通过教育部门对学区、学校也有相应的教育资金和特殊拨款，以支持和鼓励学区、学校开展学校体育活动，促进青少年参与体育活动，预防肥胖②。在德国，学校体育一直受到联邦政府的高度重视，其活动和运行所需要的各种经费能够获得政府的有力支持。除了众所周知的由联邦政府巨资打造的“黄金计划”外，还通过“学校体育锻炼计划”③“东部黄金计划”④ 等政策，由联邦政府、教育部、文化部、德国体育联合会和联邦州体育联合会共同推动学校体育场馆、社区体育场馆建

①谢斯．英国学校体育合作项目的成功经验和启示［J］．体育学刊，2020，27（1）：80-86.
②张文鹏．中国学校体育政策的发展与改革研究［D］．武汉：华中师范大学，2015：83-87.
③周小军．德国体育场馆管理模式的特点及启示［J］．南京体育学院学报，2011（4）：35-36.
④钟丽萍，艾玲．美、德、日、俄体育政策法规发展特征及启示［J］．湖南工业大学学报（社会科学版），2018，23（3）：123-128.

设以及社区体育俱乐部与学校体育的融合。在日本，一般财政预算、体育振兴基金和体育振兴彩票收益中的专项资金是学校体育发展的主要经费来源。另外，文部省为强化学校、社区、学生与体育俱乐部的互动，实施《体育立国战略》，加强了学校、社区、学生与体育俱乐部的联系①。在澳大利亚，学校体育日常所需经费主要有联邦政府和州政府用于学校教育的拨款。除了联邦政府和州政府拨款之外，非营利组织捐款、募集经费及各种体育计划也是澳大利亚学校体育的主要经费来源②。在我国，学校体育长期以来受到党和政府的高度重视，其所需要的各种经费主要来自财政对教育经费的预算和拨款，经费来源稳定、可靠和有保障，但也存在经费来源渠道单一，非营利组织捐款、募集及各种针对学校的体育计划相对较为稀缺。由上可知，中、英、美、德、日、澳学校体育治理的经济环境存在明显差异，并各具特色。从中、英、美、德、日、澳学校体育治理所处经济环境的共同之处看，一是这六国学校体育日常运行所需经费都主要来自政府拨款，包括工资发放、师资培养培训、学校体育场馆设施建设及维持维护费等；二是这六国学校体育治理过程中都存在绩效考核，并根据考核情况获取不同的经费补贴和支持。从中、英、美、德、日、澳学校体育治理所处经济环境的不同之处看，主要区别表现为三个方面：一是经费渠道来源不同，我国学校体育经费主要来源渠道相对单一，主要是各级政府的财政拨款，英、美、德、日、澳学校体育经费来源则渠道多元化，除了政府对学校体育的拨款，还有非营利组织捐款、募集经费及各种体育协会的学校体育计划经费支持；二是校外体育俱乐部获经费、税收方面的支持程度不同，我国校外体育俱乐部多数属于市场化运行，较少获得来自政府经费补贴、税收优惠等支持，英、美、德、日、澳校外体育俱乐部，尤其社区体育俱乐部能够获得政府经费支持、税收优惠、运营管理亏损补贴等；三是校际学校体育交流、比赛、训练等存在不同，我国校际学校体育，尤其是中小学阶段相对较少，大多数学校的校际学校体育相关经费和支持力度较低，英、美、德、日、澳非常重视校际学校体育交流、训练、比赛等活动，有较为充足的经费支持。

①李冰，周爱光．二战后日本青少年课外体育活动的政策与启示［J］．体育与科学，2012，33（6）：106-109.

②李卫东，王健，黄睿，等．国外青少年体质健康促进政策的经验与启示［J］．武汉体育学院学报，2017，51（10）：13-17.

（二）中、英、美、德、日、澳学校体育治理的政治环境比较

从学校体育治理的政治环境看，我国是党领导下的中央集权的社会主义国家，长期以来党中央国务院高度重视学校体育工作，党和政府对学校体育的治理形成了“中央—省级—县级”的纵向治理体系，并将学校体育作为立德树人和“为党育人，为国育才”的重要手段，要求各级党委政府推动学校体育及其相关政策在实施过程中坚持“全国一盘棋”“上下一条线”的贯彻执行。而英、美、德、日、澳在政治上采取三权分立，包括学校体育在内的各项社会治理都要经过议会辩论并达成共识才能形成方案和计划，其治理过程烦琐、冗长且效率不高。因此，英、美、德、日、澳学校体育治理面临着不同团体、不同党派及不同利益相关者的“侵扰”和复杂的政治环境，其难以在较短时间内达成共识，形成方案和计划，更难以像我国一样形成“全国一盘棋”“上下一条线”的从中央到地方再到县域的纵向学校体育治理的政治环境。总的来讲，中、英、美、德、日、澳学校体育治理政治环境的相同之处是都将学校体育作为育人的手段，我国学校体育在育人的同时更强调各级党委和政府抓青少年体魄强健的政治环境，而英、美、德、日、澳学校体育在育人的同时更强调预防肥胖、促进参与、形成体育习惯等政治环境。不同之处在于，我国学校体育治理的政治环境相对较为单一，能够“全国一盘棋”“上下一条线”，学校体育治理的相关政策、方案、计划和标准能够有效在全国实施。而英、美、德、日、澳学校体育政治环境则相对复杂，美国、德国、澳大利亚在学校体育治理过程中很难在政治上做到“全国一盘棋”“上下一条线”的治理，事关学校体育的相关事项多属于州政府、学区和学校，联邦政府缺乏对州政府、学区及学校治理的依据及实践。即使英国和日本的学校体育治理存在通行全国的法律，但也限于有限的领域，并非完全像我国一样有“全国一盘棋”“上下一条线”的纵向治理的政策环境。英国主要体现在国家体育课程标准的“全国一盘棋”的政治环境。日本则是通过《学习指导纲要》《体育立国战略》等政策构建了学校体育课程、学校体育活动与社区一体化发展的政治环境。

(三) 中、英、美、德、日、澳学校体育治理的社会文化环境比较

从学校体育治理的社会文化环境看，学校体育在我国社会和文化语境中长期存在“刻板印象”，尤其是学校体育在应试教育主导的社会、文化环境下长期让位于升学等应试教育短期利益的追求。尽管在北京奥运会等重大社会事件的“洗礼”下，社会大众对体育和学校体育的功能及价值有了进一步的认识，人们对学校体育的“刻板印象”正逐渐消解，但短期内受应试教育及刻板印象、惯性的影响，学校体育的社会文化环境仍然不容乐观，还需要进一步推动教育改革，推进中小学教育“管、办、评”相分离，加快从应试教育向素质教育转变，才能扭转社会大众对学校体育的刻板印象，进而为学校体育开展创造良好的社会文化环境。相对我国而言，英、美、德、日、澳学校体育发展的社会文化环境较好，社会大众、社会心理及社会文化倡导学校体育和户外运动，形成了从政府、社会、学校到教师、家长和学生普遍认可和乐于积极参与学校体育和校外体育活动的良好社会文化环境及氛围。中、英、美、德、日、澳学校体育治理的社会文化环境不同之处体现在三个方面：一是从认识维度看，英、美、德、日、澳政府、社会、学校、教师、家长及学生对学校体育的看法较为一致，普遍认为积极参与校内外体育活动与学习不矛盾。而我国基层管理部门、学校、教师、家长及学生普遍认为参与校内外体育活动会影响刷题、减少学习时间，进而影响学业成绩，认为学生校内外的体育活动与学习是矛盾的。二是从生活方式维度看，英、美、德、日、澳青少年参与校内外的体育活动是一种生活方式，他们也乐于积极参与校内外的各种体育活动。而我国的青少年参与校内外的体育活动更多是基于课程、训练及比赛的外在压力，并非基于内在的“我要参与”和“乐于参与”校内外的体育活动，这种外在压力在应试教育的裹挟下难以促使青少年形成体育生活方式。三是从社会文化维度看，英、美、德、日、澳的社会文化普遍认同和支持青少年积极参与各种校内外的体育活动，而我国的社会文化普遍希望青少年抓好眼前的学习，不惜牺牲甚至鼓励占用校内外青少年体育活动时间来强化学习。这在我国的基层教育过程中是一种普遍的社会文化现象。

二、中、英、美、德、日、澳学校体育政策的治理机制比较

（一）中、英、美、德、日、澳校内体育政策的治理机制比较

从校内体育政策的治理机制看，目前，我国形成了以国家体育与健康课程标准为统领，以校内课余体育活动、课余体育训练与课余体育比赛为补充的治理机制。我国体育与健康课程标准源于1999年国家第八次基础教育课程改革，并在2001年由教育部颁布了《全日制义务教育普通高级中学体育(1～6年级)、体育与健康（7～12年级）课程标准（实验稿）》、2003年《全日制普通高级别中学体育与健康课程标准（实验）》、2011年《义务教育体育与健康课程标准（2011年版）》以及2017年《普通高中体育与健康课程标准（2017年版）》（以下简称《课程标准》）四个版本[①]。而随着国家体育与健康课程标准由局部实验到正式在全国全面推广，我国的校内体育政策也从“教学大纲、教学计划”时代正式迈向体育与健康课程标准治理时代。我国的校内课余体育活动主要通过体育大课间和班级体育活动的形式开展，但传统的班级体育活动趋向名存实亡[②]。课余体育比赛和课余体育训练主要是基于全国学校学生业余体育训练工作座谈会制定的《关于开展学校业余体育训练，努力提高运动技术水平的规划（1986～2000年）》的框架及教育部公布的“培养体育后备人才试点学校”[③]“全国青少年校园足球特色学校”等相关项目名单，探索体教结合的开展形式。在英国，校内体育政策也是以国家体育课程标准为主导，以校内体育活动、体育俱乐部、体育训练、体育比赛为补充的治理机制。在美国，校内体育没有通行全国的政策、标准、计划和方案，不同的州甚至同一州不同学区的校内体育都不尽相同，体育教师在校内体育课程教学方面具有较大的自主权，校内也有各种体育俱乐部供学生选择参与。在德国，校内体育遵循联邦政府的法律和学校体育课程指导文件，各

①季浏．对我国20年基础教育体育新课改若干认识问题的澄清与分析［J］．上海体育学院学报，2020，44（1）：21-30.

②梁凤波，毛振明，程天佑，等．《“健康中国2030”规划纲要》与学校体育改革施策（3）［J］．武汉体育学院学报，2018，52（7）：82-87.

③鲍明晓，邱雪．我国青少年体育事业发展现状［J］．山东体育科技，2012，34（4）：1-8.

州享有依据本州情况制定体育课程标准的权力，并通过教育部门指导学校进行体育教学、课余体育、体育俱乐部等，但体育课是法定课程。在日本，校内体育主要通过体育保健课教学和课余体育活动的形式实现其学校体育的治理。体育保健课教学主要依据文部省的《学习指导纲要》和《健康教育指南》的规定及要求进行①，而课余体育活动则主要依托各种校内的体育俱乐部开展②。在澳大利亚，长期以来各州享有校内体育自主权，没有统一的课程标准和方案，但这种局面随着2008年《墨尔本宣言》的宣布而改变，澳大利亚新一轮课程改革起步，经过7年研制并于2015年颁布了义务教育阶段第1个全国性课程标准——《澳大利亚课程：健康与体育（F-10）7.5版》③。2016年6月，澳大利亚教育委员会又通过了《澳大利亚课程：健康与体育（F-10）8.2版》，该版较2015年版精简了课程内容和成就标准的呈现方式，加强了体育课程管理并强化了对素养的关注。澳大利亚校内课余体育通过班级游戏、班级比赛和澳式体育活动等培养学生热爱体育的精神，形成团队意识、竞争意识及责任意识④，其校外体育主要通过各种体育俱乐部的形式开展。

由上可见，中、英、美、德、日、澳校内体育政策的治理机制各有特色、差异较大。从相同之处比较看，主要有三个方面：一是校内体育都通过体育课程教学的方式进行，尽管体育课程在各个国家的法定地位和呈现内容不同，但进行体育课程教学是共同实现学校体育治理的手段；二是都开展各具特色的课余体育活动、课余体育训练及课余体育比赛等；三是校内体育都是国家政策、法律要求的学校教育课程之一。从不同之处比较看，主要区别如下：一是校内体育课程的内容存在明显差异，如在我国，校内体育课程主要是田径、篮球、排球、足球、武术等课程，澳大利亚主要是澳式体育等；二是目标任务存在不同，我国校内体育课程以体育技能培养、健康促进为主，英、美、德、日、澳以培养体育兴趣、体育习惯、人格塑造、团队意识等为主；

①景俊杰．二十一世纪以来日本体育政策运行研究［D］．上海：上海体育学院，2013：52-55.

②游兴龙，舒盛芳，蔡艳芳．日本学校体育现状的研究［J］．四川体育科学，2014，33（2）：97-100.

③刁玉翠，李梦欣，党林秀，等．澳大利亚健康与体育课程标准解读［J］．体育学刊，2018，25（2）：85-90.

④蒋菠，John Q，Cui X，等．中国基础教育体育课程改革新启示——基于澳大利亚创意身体教育课程模式视角［J］．北京体育大学学报，2018，41（6）：93-99.

三是校内体育课程理念不同，我国体育课程主要以“健康第一”理念为主导，英美德日澳则是培养竞争人才、养成体育习惯、形成生活方式及预防肥胖为主的体育课程理念；四是课余体育途径、内容及形式不同，我国课余体育主要是大课间、班级体育活动及课余体育训练和课余体育比赛，而英、美、德、日、澳除此之外还有丰富多彩的校内体育比赛、班级游戏、班级比赛及多种体育俱乐部供学生自由选择，并进行体育活动。

（二）中、英、美、德、日、澳校外学校体育政策的治理机制比较

从校外体育政策的治理机制看，我国的校外体育受社会主义市场经济体制改革及社会各项事业改革的影响，以往通过青少年宫、业余体校参与校外体育学习、交流、训练及比赛的体系已经瓦解，仅剩各级学生体育协会的赛事交流，导致青少年校外体育供给的主体和模式发生显著变化。目前，我国青少年校外体育供给形成了政府鼓励、社会参与、市场竞争的治理新体系①。在英国，青少年的校外体育活动是学校体育的延伸和重要补充形式，并通过跨部门协同，社区体育俱乐部、学校与体育俱乐部协作来实现英国青少年校外体育活动的有效供给，其中 DCMS、DCSF，以及英国体育理事会（ESC）等官方与半官方机构为纽带，形成了政府机构、学校、社区与俱乐部之间的协作伙伴关系，共同促进着英国校外体育发展的重任②。在美国，校外体育主要通过 HHS、CDC 等机构颁布政策、标准、指南及奖励等“柔性”形式的计划来推动青少年积极地参与校外的体育活动，其中体育社团、体育俱乐部在美国校外体育活动中起到了积极作用。在德国，校外体育主要通过地区的体育部门组织青少年体育活动以及各种体育协会、体育俱乐部提供指导和练习等，以促进青少年就近便利地参与校外体育活动。在日本，校外体育活动主要通过学校、社区、俱乐部与家庭互动的形式来开展，尤其是推动社区、体育俱乐部与家庭的积极参与，形成了“家—校—社”共同协作促进青少年参与校外体育活动的机制。在澳大利亚，校外体育是

①刘林星，殷晓辉，邱建国．我国青少年校外体育公共服务模式的构建［J］．首都体育学院学报，2019，31（2）：166-170.

②张文鹏．中国学校体育政策的发展与改革研究［D］．武汉：华中师范大学，2015：107-109.

由联邦政府支持、澳大利亚学校体育组织（SSA）推动、社区体育俱乐部参与、学校及家长支持的相互协作的治理机制。如澳大利亚联邦政府发起的“课外体育社区”计划①，联邦政府教育部授权的澳大利亚学校体育组织发起的各种校外体育训练、交流及比赛计划等促进了澳大利亚青少年参与校外体育活动②。

由上可知，中、英、美、德、日、澳校外体育政策的治理机制差异明显，校外体育开展的形式、内容及特征都各具特色。总体来看，中、英、美、德、日、澳校外体育政策治理机制的相同之处如下：一是上述各国都积极开展校外体育活动，并通过相关政策和法律支持社会参与校外体育活动的服务和供给；二是校外体育活动的形式多样，既包括政府购买公共服务，也包括社区体育俱乐部、体育协会等的指导、组织、交流、训练及比赛；三是校外体育活动的内容丰富多样，主要依据青少年的兴趣和爱好自主选择体育项目进行。中、英、美、德、日、澳校外体育政策治理机制的不同之处有以下几个方面：一是校外体育供给主体存在不同。目前我国校外体育学习、交流、比赛等供给主体较单一，主要是各级体育协会和体育培训的市场化运作，政府、社区、学校和社会公益性及免费性的校外体育学习、交流等较为稀缺。而英、美、德、日、澳校外体育活动的供给主体较为丰富，主要包括体育协会、体育俱乐部、社区体育俱乐部、半官方体育机构及公益性体育组织等，并由志愿者、管理者、教练指导。二是供给内容明显不同。我国校外体育的供给内容主要是市场化运行的各种体育培训班，跆拳道、舞蹈、轮滑、篮球、足球等较为常见。而英、美、德、日、澳校外体育供给内容以公益性的公共服务提供为主，多种类型的体育俱乐部供学生自由选择学习、训练，并有志愿者和教练进行指导。三是校外体育的运行理念存在不同。目前我国校外体育活动以市场化和盈利性的理念运行，政府对培训什么项目、怎么收费、如何运行不干预，都交给市场选择和优胜劣汰。而英、美、德、日、澳校外体育运行的理念是公益性和非营利性，基本不收费或仅象征性收取很少的会员费。四是校

①刘帅，王小姣．澳大利亚“课外体育社区”计划研究［J］．福建体育科技，2014，33（4）：8-10.

②李欣玥．澳大利亚中小学体育竞赛体系研究及启示［J］．体育成人教育学刊，2019，35（2）：74-77.

外体育服务、组织形式不同。我国校外体育服务和组织形式以各种体育项目、体育机构培训班按照市场化方式提供服务和组织。而英、美、德、日、澳的校外体育则由社区体育俱乐部和体育俱乐部的管理者、志愿者及教练提供服务和指导。

第三章
CHAPTER 03

学校体育政策目标的比较

政策目标是政策活动所要达到的目的，也是一项政策的核心，还是政策方案设计的依据、政策执行的归宿和政策评价的标准①。在公共政策制定过程中，明确政策目标是构建政策科学体系的首要任务②，决定着政策的实施效果和溢出效应。同样，学校体育政策作为公共政策的组成部分之一，在其政策制定和实施过程中都有明确的政策目标。学校体育政策目标明确了一项学校体育政策所要追求的目的，是学校体育政策方案设计、政策执行和政策评价的重要依据，影响着学校体育政策的实施效果和溢出效应。因此，对学校体育政策进行比较研究，各国的学校体育政策目标是一个重要的参照物和比较点。通过对中、英、美、德、日、澳学校体育政策目标的比较，有助于发现中、英、美、德、日、澳学校体育政策的目的及核心内容，为新时代我国学校体育政策的调整与优化提供经验及启示。

第一节　中、英、美、德、日、澳的学校体育政策目标

任何的社会治理活动都有一定的目标指向和目标预期，这个目标指向和目标预期反映到相关的政策制定与政策执行上也会形成明确的政策目标。因此，社会的治理和改革离不开政策目标的设定，并通过政策目标的具体化来推动社会治理进程的不断优化和进步。同样，学校体育治理要实现不断优化

①王春福，孙裕德．政策目标的理性分析［J］．理论探讨，1999（2）：3-5.

②章文光，王晨．政策目标、政策工具、政策主体与跨国公司在华研发投资的关联度［J］．改革，2013（10）：107-114.

和进步，就需要设定明确的目标和预期，并由政府将这个目标转化成具体的政策目标来实现。通过对中、英、美、德、日、澳学校体育政策目标的比较，有助于发现中、英、美、德、日、澳学校体育政策的目的及核心内容，为新时代我国学校体育政策目标的调整与优化提供经验及启示。

一、中国的学校体育政策目标

中华人民共和国成立以来，我国学校体育政策的目标始终围绕着增强青少年体质健康的主题在演进①。1950 年 6 月 19 日，毛泽东针对学生健康不良的实际情况，向时任教育部长马叙伦写信明确提出了“要各校注意健康第一，学习第二”② 的学校体育工作方针，并在 1951 年 1 月 15 日再次就学生健康问题向马叙伦去信明确了“提出健康第一，学习第二的方针我以为是正确的”③的指示。随后，在毛泽东主席对青少年体质健康的高度重视和关心下，1951 年 8 月《政务院关于改善各级学校学生健康状况的决定》（以下简称政务院决定）公布。政务院决定强调“增进学生健康，乃是保证学生完成学习任务，并培养出有强健体魄的现代青年的重大任务之一”，并明确要求各级党委和政府应“立即纠正忽视学生健康的思想和对学生健康不负责任的态度，切实改善各级学校的学生健康状况”④。从党中央主要领导高度重视提出的“健康第一，学习第二”到政务院跟进颁布的改善学生健康状况的首个学校体育方面的中央文件的出台，随后增强青少年体质健康成为我国学校体育工作和学校体育政策制定的主要目的和指导思想，也是各种学校体育政策文件的核心内容。这一目的和指导思想也被落实到了中小学的体育教学大纲和教材之中。1956 年的小学体育教学大纲中学校体育目的就是“为将来参加建设社会主义社会和保卫祖国做好准备”，1961 年的中小学体育教材中“增强学生的体质……，使他们……准备保卫祖国”是学校体育的目的⑤。

---

①张文鹏．中国学校体育政策的发展与改革研究［D］．武汉：华中师范大学，2015：61-75.

②何东昌．中华人民共和国重要教育文献 1949—1975［M］．海口：海南出版社，1998：32.

③同②.

④国家教委体育卫生司．学校体育卫生文件选编［M］．沈阳：辽宁大学出版社，1988. 1-3.

⑤课程教材研究所．体育卷［M］．北京：人民教育出版社，2001：3.

改革开放以来，齐抓共管、共同搞好学校体育工作和增强青少年体质健康成为各种学校体育相关政策文件的主要目的和着力点。1984 年，中共中央颁布了《关于进一步发展体育运动的通知》，强调体育关系到人民的健康、民族的强盛，并明确提出了全党全社会重点抓好学校体育，从青少年儿童抓起的要求。1999 年 6 月 13 日，《中共中央　国务院关于深化教育改革，全面推进素质教育的决定》颁布，该文件开启了我国新一轮课程教学的改革，推动了我国中小学课程教育从课程大纲、教学计划向国家课程标准的转向，其对学校教育明确提出了“学校教育要树立健康第一的指导思想”和“切实加强体育工作，使学生掌握基本的运动技能，养成坚持锻炼身体的良好习惯”的要求。2001 年 5 月，国务院颁布的《关于基础教育改革与发展的决定》进一步强调学校体育工作要贯彻“健康第一”的思想，以及增加体育课与保证学生每天参加体育锻炼一小时①。随后，2001 年 7 月教育部开始实施的《体育与健康课程标准（实验稿）》将党中央、国务院关于学校教育与学校体育“健康第一”的指示落实到了国家体育课程标准之中，推动了学校体育“健康第一”从理念、方针、指示、要求到实际落地执行的转变。新时代，学校体育迎来了新发展、新机遇。2013 年，党的十八届三中全会通过的《中共中央关于全面深化改革若干重大问题的决定》明确提出“要深化教育领域综合改革”“强化体育课和课外锻炼，促进青少年身心健康、体魄强健”② 的指导思想。2018 年 9 月 10 日，习近平总书记在全国教育大会上的重要讲话中强调“要树立健康第一的教育理念，开齐开足体育课，帮助学生在体育锻炼中享受乐趣、增强体质、健全人格、锤炼意志”。这为新时代我国的学校体育政策目标指明了方向，并树立把增进学生的身心健康作为学校体育工作的出发点和落脚点，切实提高学生的身心健康水平，促进学生全面发展③的目标。综上所述，长期以来，我国学校体育形成了明确的目的和政策目标，即“健康第一”是我国

①教育部体育卫艺司编．学校体育工作重要法规文件选编［M］．北京：人民教育出版社，2008：10-121.

②中国共产党第十八届中央委员会第三次全体会议．中共中央关于全面深化改革若干重大问题的决定［N］．人民日报，2013-11-16（1）.

③季浏．增进学生身心健康是我国学校体育发展的根本和方向——学习贯彻习近平总书记在全国教育大会上的重要讲话精神［J］．吉首大学学报（社会科学版），2020，41（1）：28-37.

的学校体育政策目标。

二、英国的学校体育政策目标

在英国，尽管保守党和工党交替轮流执政，但是无论两党谁上台执政，都非常关注青少年体质健康问题，并透过设计一定的学校体育政策目标，促进英国青少年体质健康目的的达成。而1988年英国教育改革法的颁布，确立了英国基础教育阶段国家课程的法定地位。与此同时，事关英国学校体育发展的国家体育课程（NCPE）改革也备受瞩目。1990年保守党政府发布了“体育：提升游戏”（Sport：Raising the Game）的计划，强调团队间的竞争性运动，反映了学校体育政策对精英主义、民族主义和文化复兴主义的偏向性①。1992年，英国公立学校着手实施国家体育课程标准。随后，基于该标准的体育课程得以在全国贯彻和实施，并根据教育改革与体育教学实践存在的问题，先后多次进行了修订②，体育课程能够提高儿童表现，培养信心、团队意识及竞争意识已逐渐成为英国教育界和社会的共识③。1997年，工党执政后为应对英国在奥运会和足球世界杯等重大国际赛事上的糟糕表现，出台了《全民体育未来计划》（*A Sporting Future for All*）的政策文件，该政策明确提出了实施学校体育协调员制度，以增强政府对学校体育的治理。同年英国颁布的《英国：体育大国》政策中也明确提出了“学校应鼓励学生养成体育活动的习惯，并强调体育活动有助于个人发展，拓展学生的兴趣和经验，能够增加自己成功的机会，可以建立良好的人际关系”④ 的学校体育政策目标。

为提高英国在2012年伦敦奥运会的表现，2010年联合政府执政后，随即提出了“使竞技体育文化重返学校体育教育”的计划，时任文化、媒体和体育部大臣杰里米·亨特曾指出，体育无论输赢都给年轻人上了人生的重要一课，它鼓励团队合作、奉献精神、努力做到最好。伦敦奥运会结束后，保守

---

①Penney D, Evans J. Naming the game：discourse and domination in physical education and sport in England and Wales [J]. European Physical Education Review, 1997, 3 (1)：21-32.

②张文鹏．中国学校体育政策的发展与改革研究［D］．武汉：华中师范大学，2015：77-79.

③同②.

④Mick Donovan, Gareth Jones , Ken Hardman. Physical Education and sport in England：Dualism, partnership and delivery provision [J]. Physical Education and Sport, 2006 (3)：22-25.

党政府也明确提出了“广泛开展体育活动，提高学生参与率，促进学生健康，预防肥胖，形成积极的生活方式”的要求①。2013 年，英国国家体育课程修订时，提出了学校体育的四个目标：①在广泛的体育活动中发展能力以脱颖而出；②在身体成长的各个阶段让身体充满活力；③积极参与竞争性的体育活动；④形成积极、健康的生活方式②。2018 年，英国教育部提出了学校体育的五个主要目标：①让所有学生参与有规律的体育活动，每天 60 分钟，其中至少 30 分钟在学校；②在整个学校范围内提高体育和运动的地位，将其作为整个学校改进的工具；③提高全体教职员在体育教学方面的信心、知识和技能；④为所有学生提供更广泛的体育活动经验；⑤增加对竞技体育的参与度③。2019 年，学校体育行动计划提出了三个目标：①所有儿童和年轻人每天至少参加 60 分钟的体育活动；②儿童和青少年有机会透过运动、比赛和积极的追求，获得发展和塑造品格的经验；③为儿童和青少年提供的所有体育活动都是围绕着发展身体素质的原则设计的，侧重于娱乐和享受④。综上，英国学校体育政策的主要目标可以概括为培养体育爱好、形成体育习惯、促进体格强健、预防肥胖及形塑个人品格。

三、美国的学校体育政策目标

美国的学校体育政策不同于英国以国家体育课程为主导的政策逻辑及实践。在过去，联邦政府极少参与教育，大部分均由地方教育行政当局负责。但是近几十年来，联邦政府逐渐参与了教育活动，特别是透过联邦经费的补

①Callanan M. The PE and sport premium: An investigation in primary schools [EB/OL]. (2014-09-08) [2015-12-17]. https://www.gov.uk/government/publications/pe-and-sport-premium-an-investigation-in-primary-schools.

②Callanan M. The PE and sport premium : an investigation in primary schools : November 2015 [EB/OL]. (2016-06-05) [2020-10-21]. https://dera.ioe.ac.uk/id/eprint/25053/.

③Department for Education. PE and sport premium for primary schools [EB/OL]. (2014-09-11) [2023-10-06]. https://www.gov.uk/guidance/pe-and-sport-premium-for-primary-schools.

④Department for Education, Department for Culture、Media and Sport , Department for Health and Social Care. School Sport and Activity Action Plan [EB/OL] (2019-07-15) [2024-03-23]. https://www.gov.uk/government/organisations/department-for-digital-culture-media-sport.

助，使地方教育行政权受到影响①。美国国会的主要教育权限是教育法案的立法。近三十年来由国会通过制定的教育法案很多，如1958年的《国防教育法案》（*National Defense Education Act*）、1965年的《初等中等教育法案》（*Elementary and Secondary Education Act*）等②。美国联邦政府涉入各州及地方教育的方式主要透过国会立法和最高法院判决形成案例及解释，而透过国会制定法律的方式则是联邦政府近三十年来逐渐涉入教育的管道之一。如1958年国防教育法案的制定，对全美中小学教育有深远影响③。经费补助也是联邦政府渗透教育治理的主要方式，联邦政府透过大笔经费补助某些特定的教育计划，不仅渗透了原本属于州政府对教育治理的法定权限，也逐渐削弱了州及地方的控制权。通过上述方式，联邦政府绕过了宪法对州政府治理教育的刚性约束和法定权限，进而实现了其试图影响教育的目的，形式主要包括课程、教材、教学法、师资培训、学校午餐、特殊儿童教育经费补助等，甚至还涉及学校的教科书计划④。

美国学校体育政策是透过联邦议会、联邦政府、联邦教育部、州议会、州政府、学区及全国性体育协会颁布的系列法案、政策、计划、方案、标准等来实现其对青少年体质健康促进、预防肥胖、提高参与率及体育课程教学的干预，进而间接实现联邦政府对学校体育的渗透与青少年体质健康促进的目标⑤。从美国学校体育政策实践看，其学校体育政策的主要目标在于预防肥胖、提高参与率、形成体育习惯及促进健康。目前，美国青少年儿童健康上的突出问题是肥胖率居高不下。2014年有关的调查数据显示，32%的儿童和青少年处于（2～19岁）处于超重或肥胖状态⑥。因此，如何预防儿童和青少年的肥胖及促进健康已经成为美国的一个社会问题，并受到包括美国学校体育政策在内的各种政策关注，也成了一个公共政策问题。如联邦议会通过的

①林宝山．美国教育制度及改革动向［M］．中国台北：五南图书出版有限公司，1991：6-7.

②同①8-9.

③同①10-11.

④同①12-13.

⑤张文鹏．美国学校体育政策的治理体系研究［J］．体育文化导刊，2016（10）：153-158.

⑥Ogden C L，Carroll M D，Fryar C D，et al. Prevalence of obesity among adults and youth：United States，2011—2014［J］National Center for Health Statistics，2015，11：1-8.

《青年课内外促进健康法案》(*Promoting Health as Youth Skills In Classrooms And Life Act*) 提出了“每一个州都要提供健康、体育教育以及明确的州标准，切实保障青少年的身体健康，以及减少和预防肥胖”的政策目标。在美国体育教育与运动协会（National Association for Sport and Physical Education）颁布和修订的《国家体育教育标准》(*National Standards for Physical Education*) 及《K-12 阶段体育教育年级水平结果》(*Grade-Level Outcomes for K-12 Physical Education*) 的文件中可以发现，其不仅主要目标是增强青少年体质健康和提高参与率，而且主要内容也围绕这两方面设计。2013 版《走向未来—国家体育标准：内容和评价指南》(K-12) 提出了“具有身体素养的人”(A Physically Literate Individual) 的概念，其内容标准如下：①展现多种运动技能和运动的能力；②能够灵活运用运动和表现的概念、原则、战略和战术；③展现出达到和保持身体活动和体适能的健康促进水平的知识和技能；④展现出尊重自我和他人的负责任的个人和社会行为；⑤意识到身体活动对健康、娱乐、挑战、自我表达和社会互动的价值①。该版的一个明显特点是将体育融入学生的整体素质发展，并关注学生进行身体活动的主动性，强调学生的全面与协调发展。而 2015 年 12 月奥巴马签署《每个学生成功》(Every Student Succeed Act)，也体现了促进教育公平、发展学生全面教育这一思想。

在小学阶段，体育不是美国小学教育的核心课程，属于其他课程，名称为健康及体育，内容有体育竞赛、球类活动、韵律、舞蹈及体能训练，而健康课主要包括毒品教育、性教育及交通安全教育等②。到了中学阶段，美国非常重视体育，体育成为必修科目之一，且健康与体育分开，体育课程包括球赛、田径、露营、健身、校级运动竞赛。在各项运动项目中以棒球、篮球及美式足球最为普遍③。虽然大多数美国小学很重视游戏活动，但游戏与体育并不相同。游戏无法使学生学习如何控制身体，如何具有运动精神，这些必须透过系统的体育教学才能达成。因此，体育在美国被认为是“有健康的身体，才有健康的心灵”，体育的重要性不容忽视。而理想的体育及健康教育目标，应该

---

①SHAPE America. National standards and grade-level outcomes for K-12 physical education [R]. Reston, VA: Shape America, 2014.

②林宝山．美国教育制度及改革动向［M］．中国台北：五南图书出版有限公司，1991：32-35.

③同②52-53.

是提供体育及健康的知识和技能，并养成经常运动的习惯①。在高中，美国极为重视校内及校级的球赛和运动比赛，并鼓励学生积极参与课外体育活动。美国高中的两年体育课包括个人及团体的运动，特别强调的是健身、运动精神和合作，以及终生运动习惯的培养②。综上，美国学校体育政策的目标可以概括为预防肥胖、提高参与率、形成体育习惯、培养团队意识及责任意识。

四、德国的学校体育政策目标

长期以来，德国一直位居世界体育强国之列，其体育改革、发展及政策的主要特点是学校体育、大众体育、竞技体育、体育产业协调发展③。自东德、西德合并以来，德国大众体育和学校体育均取得了新进展。在大众体育方面，除了继续实施“黄金计划”和“德国体育奖章”制度外，1999 年和 2000 年德国相继推出了“东部黄金计划”与《德国体育指南》④。2002 年实施的“体育使德国更好”活动将德国大众体育推向了新高潮⑤。德国大众体育在蓬勃发展的同时，也带动了政府、社会、学校、教师、家长、学生，甚至企业等对学校体育的支持，德国的学校体育也顺势迎来了新发展。在德国，联邦政府非常重视学校体育，并让渡了中小学体育教学大纲、课程内容等的制定权予州政府。尽管德国没有通行全国的国家体育课程标准，但“以学生为中心，关注个体差异”的理念却贯穿在德国中小学的学校体育课程内容、课时、课程类型等方面。体育课在德国不再只是运动技能的掌握与提升，其被赋予了更多的社会功能与使命，并将培养学生的健康意识放在首位⑥。培养运动行为能力、通过自身经验掌握技术技能、维持健康、弥补缺陷、重视人际交往、积累社会经验加深社会认识、教给孩子利用余暇时间的方法和必要的

①林宝山．美国教育制度及改革动向［M］．中国台北：五南图书出版有限公司，1991：240-243.
②同①254-256.
③刘波．德国体育政策的演进及启示［J］．上海体育学院学报，2014，38（1）：1-7.
④Deutscher Sportbund. Sport in Deutschland［M］. Frankfurt am Main：Deutscher Sportbund Generalsekretariat，2003：30-31.
⑤刘波．德国体育政策的演进及启示［J］．上海体育学院学报，2014，38（1）：1-7.
⑥赵强．德国学校体育课程设置的特征、理念及启示［J］．教学与管理，2017（24）：122-124.

行动方式是德国中小学体育教学的主要目标①。

从德国学校体育教育和体育课程的实践看，其主要目的是增强青少年的身体素质、陶冶情操、提升运动能力及关照生活②。如由联邦政府支持、州政府构建的《全日制学校计划》（*All-day schools Programme*）是德国教育领域中最大的投资政策之一，该计划的实施可以给青少年和儿童提供更多利用体育设施和参与体育活动的机会。Arnd Krüger 教授曾指出："提升运动能力、养成运动习惯、形成合作意识以及促进健康是德国学校体育的法定目标"③。近年来随着德国青少年肥胖率的快速上涨，联邦政府、州政府及体育联合会，已开始着手将预防和减少青少年的肥胖列为学校体育政策的目标之一④。德国联邦政府于 2007 年推出的"健身取代肥胖"计划，即是通过提高青少年体育运动的参与率，进而预防和减少青少年肥胖的一项政策⑤。德国学校体育的教育目标是全面发展学生身体，养成锻炼习惯，使之有能力承担社会责任⑥。综上，德国的学校体育政策目标可以概括为养成体育习惯、形成团队意识、预防肥胖、增强体质健康及促进全面发展。

五、日本的学校体育政策目标

提高学生生存能力、增强学生体力、培养善于合作的团队意识、形成终身体育习惯及促进青少年体质健康是日本学校体育政策的主要目标。1998 年 9 月，日本保健体育审议会提出了学校体育要"培养学生生活生存能力，全体学生热爱运动、擅长运动且充满活力，使学生体力增强并富有人情"的改革目标。1999 年 7 月，日本教育课程审议会对体育改革提出了四点建议：一

①谭华．体育史［M］．北京：高等教育出版社，2005：342-343.

②蒋远松．新课程标准视野下管窥德国中小学校体育教学［J］．教学与管理，2014（9）：59-60.

③Arnd Krüger. Multiperspectivity as a basis of current German physical education [J]. Movement & Sport Sciences, 2012, 78 (4): 11-23.

④Moss, Klenk, Thaiss, et al. Declining prevalence rates for overweight and obesity in German children starting school [J]. European Journal of Pediatrics, 2012, 171 (2): 289-299.

⑤彭国强，舒盛芳．德国体育战略演进的历程、特征与启示［J］．上海体育学院学报，2017，41（5）：28-35.

⑥张俭，张宝霞．现代德国体育演变及其对我国学校体育发展的启示［J］．南京体育学院学报：社会科学版，2003（5）：57-59.

是以培养有活力的生活态度为目标，在形成体育习惯和促进健康的基础上对体育内容进行改进；二是在培养终生热爱体育和独立运动意识的基础上，注重基础体力的增强；三是强调在“心”“身”一体的基础上倡导“身体放松性运动”的概念及相关内容；四是将弘扬武道内容作为日本文化的传承①。为促进日本体育发展，2000 年日本推出了《体育振兴基本计划》，该计划提出了“实现终身进行体育的社会，提高日本国际竞技水平，加强生涯体育、竞技体育和学校体育之间的协作”② 的主要政策目标。同时，也将“丰富少年儿童的体育生活，推进学校与区域之间的相互协调，提高国际竞技水平，促进学校与体育团体之间的相互协调”③ 列为其分目标之一。在日本生活方式、生活环境、社会发展等因素的影响下，日本青少年出现了体力活动快速下降和肥胖快速增长的趋势，这一趋势严重影响了日本青少年的体质健康。为抑制日本青少年体力活动下降和肥胖率的增长，在随后修改的《体育振兴基本计划》中将“抑制儿童体力下降趋势、提高其体力的策略”④ 列为其修改后的首要目标。

在日本，《学习指导要领》是学校体育政策领域具有代表性和重要意义的文件之一，引领着日本学校体育的持续发展。自“二战”以来，日本《学习指导要领》经过了多次优化调整。2008 年，文部科学省颁布新的学校体育《学习指导要领》，在继承以往培养学生“生存、生活能力”的基础上，进一步提出了“强调运动的基础知识的掌握和基本技能的形成”⑤ 的目标，并于 2011 年开始实施。基于此，日本也在九年义务教育中的学校体育“强调增强体质与运动技术学习并重”，并将新的《学习指导要领》中的体育运动内容设置为“增强体质内容”和“运动学习内容”⑥ 两个领域。而 2008 版《学习指

①孙喜和，胡谊．“生きる力”的含义——现行日本“学校体育指导要领”分析［J］．体育学刊，2005（2）：124-126.

②陆作生．日本《体育振兴基本计划》研究［J］．体育文化导刊，2008（10）：106-109.

③周爱光．日本体育政策的新动向——《体育振兴基本计划》解析［J］．体育学刊，2007（2）：16-19.

④陆作生．日本《体育振兴基本计划》研究［J］．体育文化导刊，2008（10）：106-109.

⑤东京书籍编辑部．中学校保健体育科学习指导要领修改要点［M］．东京：东京书籍，2008：4-6.

⑥陆作生，韩改玲．日本九年义务教育《学习指导要领》中运动内容的设置及其启示［J］．北京体育大学学报，2012，35（2）：83-86.

导要领》将促进身心和谐一体协调发展、培养学生终身热爱运动的资质和能力、保持增进健康、提高体力及培养乐观的生活态度列为日本中小学体育课程的总体目标①。2010年日本颁布的《体育立国战略》提出了学校体育要通过体育活动培养沟通能力和领导能力、养成克制心和公平竞争的意识、培养团队合作精神、通过自然体验活动培养丰富的人性，以及促进青少年身心健康发展②。另外，培养生存能力也是日本学校体育领域推崇的主要目标。2008年，文部省发布《幼儿园、小学至高中及特别支援学校的学习指导要领等的改善（体育篇）》，提出了通过户外体验活动培养学生生存能力③。同时，培养生存能力也是2017年日本新推出的《学习指导要领》的主要目标④。

六、澳大利亚的学校体育政策目标

促进健康与个性发展、发展能力和发展身体、进行思想品德教育、提高适应自然环境及社会能力是澳大利亚学校体育的政策目标⑤。这个政策目标的落实是基于澳大利亚健康与体育教育标准的构建，并走进了澳大利亚公立学校的体育课。澳大利亚教育、就业与劳资关系部在《推行健康教育的决策》的政策基础上，制定了澳大利亚的《健康与教育标准》，并由各州依据自身情况调整执行⑥。澳大利亚体育健康教育旨在通过健康与体育教育课程提供体验式学习，具有当代性和吸引力，能促进学生发展技能及掌握知识和提高理解能力，它包括以下几点：①学习、应用和评估运动技能、概念和策略，在各种体育活动环境中自信、有能力和创造性地作出反应；②获取、评估和归纳

①季浏，尹小俭，尹志华，等．日本基础教育体育科《学习指导要领》评述［J］．成都体育学院学报，2015，41（2）：1-7.

②文部科学省．スポーツ立国戦略［EB/OL］．（2010-08-26）［2021-07-08］．https://www.mext.go.jp/component/a_menu/sports/detail/__icsFiles/afieldfile/2010/09/16/1297203_02.pdf.

③白旗和也．学校にはなぜ体育の時間があるのか?：これからの学校体育への一考［M］．東京：文溪堂，2013：5-28.

④吴呈荃．"再生"与"复古"之间：2017年版《学习指导要领》述评［J］．外国中小学教育，2018（6）：1-7.

⑤秦双兰，王建军．对中国和澳大利亚体育与健康课程目标体系的对比分析［J］．现代教育管理，2004（8）：93.

⑥叶茂盛，陶永纯，郝阳阳，等．美俄日英澳5国体育课程标准研究［J］．北京体育大学学报，2017，40（9）：81-87.

信息以采取积极行动，保护、加强和倡导自己和他人的健康、幸福、安全和身体活动参与；③发展和运用个人认知技能及策略，促进个人认同感和幸福感，建立和管理相互尊重的关系；④参与并享受以运动为基础的学习经验，理解并欣赏运动对个人、社会、文化、环境和健康的实践及结果的重要性；⑤分析个人和环境因素的变化如何影响对当地、区域、全球健康及体育活动的理解①。澳大利亚公立学校的体育课程除了“运动和身体活动”的内容外，“个人、社会与社区健康”的领域也与“运动和身体活动”的领域并列，其体育课程体现了为学生未来适应社会生活的考虑，如团队建设、伙伴关系、食品营养、合理用药等教学内容的加入都体现了关注学生全方位健康的综合理念。

综上所述，澳大利亚的体育与健康课程并不仅只关注学生的身体健康与身体活动领域，还关注其他相关领域，如酒精与药物、食物与营养、心理活动与幸福感、活动安全、游戏体验等。澳大利亚体育与健康课程的评价方式是课程结束后要求学生通过陈述来彰显对其的考核，并没有统一的测评标准，希望通过陈述的方式让学生获得真实的体验、情感感受，培养发现问题及解决问题的能力②。这也是澳大利亚学校体育教育及政策期望达成的一个目标。可见，澳大利亚非常重视学校体育和体育课程，并强调体育课程的多功能和健康目标，且主要通过个人及社会的共同作用来体现和达到健康目标，在课程上突出了体育的综合功能和作用，其体育课程具有全面和多功能的目标③。另外，澳大利亚为促进青少年参与体育和普及体育运动，由澳大利亚体育运动委员会设计并推广了一套运动技能和运动技术课程纲要，即“澳式运动”(Aussie Sport)。“澳式运动”的目标是以竞技体育运动促进青少年发展、丰富青少年生活、激发青少年兴趣与形成终生体育习惯④。因此，澳大利亚的学校体育政策目标可以概括为促进个人发展、增强体质健康、培养体育兴趣、养成体育习惯及形成适应社会能力。

---

①秦双兰，王建军．对中国和澳大利亚体育与健康课程目标体系的对比分析［J］．辽宁教育研究，2004（8）：93.

②同①.

③胡汉兴，潘绍伟．试论生态主义课程观下体育与健康课程的建构与实施［J］．南京体育学院学报，2009（1）：86-89.

④王正伦．延续传统，面向未来，大力普及青少年体育运动——澳大利亚“澳式运动”计划纲要简介［J］．体育与科学，1998（1）：65-66.

第二节　中、英、美、德、日、澳学校体育政策目标的比较

从公共政策的维度看，在推动公共事物最优化决策的过程中，决策者首先会对公共事务的长远目标及发展方向进行总体上的把握和决策。决策者对某一项公共政策的整体把握和决策落实到某项政策制定之中就形成了该项公共政策的战略目标。公共政策战略是政党、政府等政策主体为了实现一定的国家或社会目标，针对某一政策制定或实施所做的全局性、长远性的重大计划的部署与考量①。可见，公共政策的战略目标是决策者对某项公共事务所做的全局性、长远性的战略部署，决定着公共事务的发展方向。为了实现公共政策的战略目标，公共政策的执行还需要进一步在政策制定中采取相应战术目标，也就是政策的行动目标，即通过一定的战术和行动安排落实战略目标。在公共政策过程中，先有政策的战略目标，后有政策的战术即行动目标，战略目标决定行动目标，行动目标服从战略目标。基于此，以下将对学校体育政策的战略目标与行动目标进行比较。

一、中、英、美、德、日、澳学校体育政策的战略目标比较

从学校体育政策看，学校体育政策的战略目标是指事关学校体育发展根本方向的具有全局性、长远性的重大计划的部署与考量。中央 7 号文明确提出加强青少年体育工作的总体要求是“认真落实健康第一的指导思想，把增强学生体质作为学校教育的基本目标之一”。《中共中央关于全面深化改革若干重大问题的决定》中进一步从顶层设计确立了学校体育的战略地位，明确提出强化体育课和课外锻炼，促进青少年身心健康和体魄强健。2016 年 10 月 25 日中共中央、国务院印发并实施的《“健康中国 2030”规划纲要》中提出的战略目标和 2019 年《国务院关于实施健康中国行动的意见》的总体目标均提出了 2030 年普及健康生活方式的战略目标，这个目标当然也包括青少年学生普及健康生活方

①冉连．公共政策战略：基本面向、实施动力与实现路径［J］．领导科学，2019（6）：15-18.

式的目标。2019年6月23日，《中共中央 国务院关于深化教育教学改革全面提高义务教育质量的意见》颁布，该意见进一步明确提出了“坚持健康第一，实施学校体育固本行动”的战略目标。从党中央、国务院颁布的一系列学校体育相关政策文件看，健康第一是我国学校体育政策的战略目标。

在英国，尽管工党和保守党轮流执政，但无论两党谁上台执政，都对学校体育促进青少年体质健康，以增强英国未来竞争力的战略目标保持一致。在美国，联邦政府虽然囿于宪法对州政府教育权自治条款的约束，无法直接干预属于州政府教育自治权的学校体育政策目标，但是联邦政府通过《青少年课内外健康促进法案》（*Promoting Health as Youth Skills in Classrooms and Life Act*）、《儿童营养及奶票再授权法案》（*Child Nutrition and WIC Reauthorization Act*）等相关法律和政策的绩效考核，绕过了宪法对联邦政府教育权的刚性约束，推动了各州、学区及学校接受联邦资金和资助必须满足联邦政府对学校体育促进青少年体质健康标准的考核。因此，联邦政府尽管缺乏直接干预学校体育教育并通行全国的法律和政策，但其透过法律、法案和绩效考核的形式，也间接实现了联邦政府对促进青少年体质健康的战略目标。尽管德国是体育强国，学校体育、竞技体育等都是世界一流，但德国学校体育政策的战略目标仍然是通过学校体育培养青少年的运动能力，进而促进体质健康。在日本，以提高生存能力和体力活动为目标的学校体育，其各项政策的战略目标也是促进日本青少年体质健康，进而提升日本未来的国际竞争力。在澳大利亚，学校体育政策的战略目标不仅是关注青少年身体的健康，更加关注促进学生全方位健康的政策战略目标。

从以上各国学校体育政策的战略目标比较可以发现，各国学校体育政策的战略目标较为一致，都是通过学校体育政策的实施和干预，促进青少年的体质健康，进而提升本国未来的国际竞争力。虽然各个国家关于学校体育政策战略目标的话语表达存在差异，但其促进青少年体魄强健和提升本国未来国际竞争力的政策逻辑和治理意蕴较为相似。唯有澳大利亚在促进青少年体质健康的同时，通过学校体育政策的制定，更加关注促进青少年学生全方位健康的政策战略目标，明显澳大利亚学校体育政策的战略目标外延更大，关注点更多。

二、中、英、美、德、日、澳学校体育政策的行动目标比较

学校体育政策的行动目标是指为落实学校体育政策的战略目标制定的计划、标准及方案等各种具体的政策措施，主要包括体育课程政策目标、课外体育活动政策目标等。

（一）体育课程政策目标的比较

体育课程政策是落实学校体育政策战略目标的主要形式和手段，它通过体育课程标准、计划、大纲等形式有计划、有组织地实施体育课程促进学生的身心健康和全面发展①，进而让学校体育政策战略目标在学校体育教学中得以落实。目前，我国中小学体育教学实施《体育与健康课程标准》近 20 年，其课程目标已从体育课程大纲计划时代的“增强体质”转向“增进健康”，教学目标已从强调学生的“共性”转向注重学生的“个性”②。2020 年新修订的《普通高中体育与健康课程标准（2017 年版 2020 年修订）》分为总目标和分目标，总目标是学生喜爱运动和积极参与运动，学会健康锻炼、学习，增强科学精神、创新意识及体育实践能力，形成文明生活方式，塑造良好品格和增强责任意识及规则意识；分目标是培养学生的运动能力、健康行为和体育品德③。《义务教育体育与健康课程标准（2011 版）》的目标是“运动参与”“运动技能”“身体健康”心理健康与社会适应”④。在英国，体育课程的政策目标始终围绕“注重个性发展”“重视基础训练和运动能力发展”两条主线展开，并在注重学生的“个人价值”和注重教育的“社会价值”之间寻求平衡，以及向全体学生提供机会和实施“个性化体育课程”的政策目

①张文鹏．中国学校体育政策的发展与改革研究［D］．武汉：华中师范大学，2015：22-23.

②盛晓明，周兴伟．中国、英国中学体育课程设置和课程目标的比较研究［J］．北京体育大学学报，2005（5）：653-656.

③中华人民共和国教育部．普通高中体育与健康课程标准（2017 年版 2020 年修订）［M］．北京：人民教育出版社，2020：6-7.

④中华人民共和国教育部．义务教育体育与健康课程标准（2011 版）［M］．北京：北京师范大学出版社，2012：6-8.

标[1]。在美国，尽管各州缺乏统一的体育课程政策目标，但各州中小学阶段通过体育促进学生在身体、认知、社会及情感四个方面的政策目标趋于一致[2]。在德国，通过体育课程让学生“提升运动能力、养成运动习惯、形成合作意识以及促进健康”[3] 是中小学体育课程的主要政策目标。在日本，小学体育课程总目标是提高学生运动能力、促进学生热爱体育、增进学生健康、增强学生体力以及促使学生养成乐观、开朗的生活态度；中学体育课程的总目标是促进学生热爱体育、增强学生体力、增进健康实践能力以及促使学生养成开朗、乐观的生活态度。澳大利亚体育课程的政策目标除关注学生的身体健康和身体活动，更加关注食物及营养、心理活动与幸福感、活动安全、游戏体验等其他领域的培养目标。

由上可见，各国在体育课程政策目标方面的关注领域、关注重点不尽相同，各具特色。总体上来看，各个国家体育课程的政策目标的相同之处为都包括领域目标和水平目标，其中领域目标都包括促进学生体质健康、掌握运动技能、促进身体心理健康及社会适应等，水平目标都包括依据不同年龄段的学生开展不同水平的体育课程教学，并关注学生个性发展的目标。不同之处在于：一是中国体育课程政策的领域目标高度概括、精练，用词准确和内涵丰富，而英、美、德、日、澳的体育课程政策目标相对来讲较为具体，且对每个领域体育课程政策目标描述得较为详尽；二是我国与英、美、德、日、澳体育课程政策的领域目标关注重点不尽相同，我国体育课程政策实践及教学更加关注学生的运动参与、运动技能以及身体健康领域，心理及社会适应领域关注度相对较低，而英、美、德、日、澳体育课程的领域目标更多关注社会适应、社会责任、生活能力等方面；三是各个国家水平目标不尽相同，中国和美国的体育课程水平目标较为类似，而与英国、日本、澳大利亚的水平目标区别较大。

---

①盛晓明，周兴伟．中国、英国中学体育课程设置和课程目标的比较研究［J］．北京体育大学学报，2005（5）：653-656.

②阎智力，金玉光．中美中小学体育课程目标比较研究［J］．天津体育学院学报，2005（1）：37-40.

③Arnd Krüger. Multiperspectivity as a basis of current German physical education［J］. Movement & Sport Sciences，2012，78（4）：11-23.

（二）课外体育活动政策目标的比较

课外体育活动是指学生在校内外参加的除体育课以外的有组织的体育活动[①]。积极开展课外体育活动既能满足学生体育需求和促进学生身心健康，也有助于学生培养参与意识、丰富课余生活及提高协作能力[②]。因此，世界各国在保证学校体育课程教学的同时，也大力开展课外体育活动，并从政策上给予有力支持。在我国，课外体育活动的主要目标是保证学生体育活动时间和促进体质健康，包括校内的大课间、课间操、课余训练及比赛等，校外主要是课余体育培训、比赛等。为促进青少年体质健康和保证课外体育活动时间，1982 年教育部印发的《关于保证中、小学生每天有一小时体育活动的通知》，要求保证并开展形式多样的课外体育活动。1990 年实施的《学校体育工作条例》，进一步从行政规章的角度确立了中小学每周安排三次以上课外体育活动的要求，并对违反条例规定的单位和个人给予行政处分。中央 7 号文明确要求全面实行大课间体育活动制度，每天上午统一安排 25～30 分钟的大课间体育活动，认真组织学生做好广播体操，开展集体体育活动。2011 年 7 月，教育部《关于印发〈切实保证中小学生每天一小时校园体育活动的规定〉的通知》再次强调并要求将大课间等学生校园体育活动时间和内容纳入教学计划，列入学校课表，认真组织实施。可见，大课间、课间操等课余体育活动的目标是保证学生每天在校的体育活动时间，进而增强体质健康。但也有学者研究认为，大课间体育活动是“课间活动”，应以促使学生乐于参与、调节身心而不是以增强体质为首要目标，其存在大型化、豪华化、表演化及形式化倾向[③]。自 1986 年 11 月原国家教委、国家体委实施《关于开展学校业余体育训练，努力提高运动技术水平的规划》政策以来，我国课余体育训练存在目标与

---

①体育运动学校《学校体育学》教材编写组．学校体育学［M］．北京：人民体育出版社，2002：167-168.

②张文鹏．中国学校体育政策的发展与改革研究［D］．武汉：华中师范大学，2015：25-26.

③刘春燕，李青，谭华．热现象中的冷思考——对大课间体育活动的再认识［J］．体育学刊，2014，21（1）：16-18.

现实脱节、管理体制不顺、经费不足和缺乏高水平教练等诸多问题①。课余体育竞赛的政策目标是以赛促学、以学促练、以练强体。目前，我国校外课余体育培训、比赛作为课余体育活动的延伸，具有促进青少年体质健康、培养兴趣、丰富课余生活的作用，国家政策导向是鼓励和支持，但以市场化需求为导向。

英、美、德、日、澳五国的课外体育活动政策与我国的课外体育活动政策区别较大，主要是校内外的体育俱乐部、社区俱乐部及各种活动计划等。

在英国，为鼓励学生参与课外体育活动，调动学校、教师、俱乐部管理者以及教练的积极性，相关政策对课外体育活动进行支持并提出明确目标，以促进青少年积极参与课外体育活动。如《英国：体育大国》就明确指出"学校应鼓励学生养成体育活动的习惯，并强调体育活动有助于个人发展，拓展学生的兴趣和经验，能够增加自己成功的机会，可以建立良好的人际关系"的目标。英国联邦政府以及DEFRA制定的《体育供给计划》《体育场地安全法案》中建设、资金、场地的使用等都是为了促进青少年积极参与校内外的体育活动②。DCMS则通过《伙伴关系计划》，以体育节、俱乐部和学校协同参与的方式促进青少年的体育活动③。英国体育彩票基金支持的体育公益组织青年信托基金，也推出了旨在促进青少年走向操场、积极参与体育活动、增强体质的《优质体育计划》④。

在美国，并无全国通用的课外体育活动指导纲要，推动课外体育活动方面也无被广泛采用的国家标准或相关政策。美国健康、体育、娱乐和舞蹈协会制定了一个关于青少年参与课外体育活动的指导性文件，该文件建议学龄期青少年每天至少参加60分钟课外体育活动以及避免长时间保持静坐。美国的课外体育活动政策和指导意见的主要目标是促进青少年参与课外体育活动，并利用各种设施提高青少年身体素质，培养青少年终身体育锻炼的习惯⑤。美

①李晋裕，宋尽贤，裴永杰，等．关于实施《关于开展学校业余体育训练，努力提高运动技术水平的规划》的笔谈［J］．体育学刊，2001（4）：1-3.

②孙成林．我国体育设施政策演进及优化［D］．武汉：华中师范大学，2013：116-119.

③Ken Green. Understanding Physical Education［M］. SAGE Publications Ltd，2009：45-48.

④张斌．体育总局改革可借鉴英国模式［EB/OL］.(2014-10-29)［2020-10-15］. http://sports.sina.com.cn/zl/other/blog/2014-10-29/0941/320438070/13197f36c0102v91w.shtml.

⑤袁勇，张鹏．美国青少年课外体育活动对我国课外体育运动开展的启示［J］．上海理工大学学报（社科版），2016，38（1）：70-75.

国学者米歇尔、摩根等研究指出，美国14个州从提供合适的课外体育活动空间、提供参与课外体育活动的机会以及如何促进身体的发展等方面对课外体育活动的推广作出了界定①。也有学者研究认为，形成积极参与体育的态度、培养独立性格及能力、形成和睦友善的处世态度及社会化是美国课外体育活动的目标②。

在德国，课外体育活动由学校和俱乐部共同协作推动，中小学生在体育俱乐部中的活动是其校外锻炼最主要的方式③。德国校外体育活动由体育局负责管理，学生依据兴趣和爱好自愿参加各种体育俱乐部和选择体育项目，体育局主要与各类体育俱乐部或者协会合作开展体育活动，实现形式为合作项目、场馆共用以及学生参与俱乐部活动等④。联邦教育部和文化部牵头，德国体育联合会与州体育联合会也参与校外体育活动的治理，并推出相应的计划。如“学校体育锻炼计划”，其目的是加强学校与体育俱乐部之间的合作及资源共享，主要目标是促进学生参与课外体育活动⑤。学生的课余体育比赛主要由德国体育联合会和州体育联合会颁布指导性文件、意见组织实施，其目标是推动青少年参与课外体育活动、预防肥胖及增强健康。

在日本，课外体育活动主要由学校运动部、体育少年团和综合型地域体育俱乐部负责实施，并负责组织各级各类青少年体育赛事、学生体育社团指导和培训等任务⑥，它对丰富日本青少年课外体育活动发挥了重要作用⑦，其目标是培养学生运动价值观和陶冶其情操，促进学生积极参与体育活动、形

---

①Beets M W, Wallner M, Beighle A. Defining standards and policies for promoting physical activity in After school programs [J]. Journal of School Health, 2010, 80 (8) : 411-417.

②张迎春. 中、美、日三国学校课外体育活动比较 [J]. 南京体育学院学报（社科版），2003（4）：113-115.

③张金桥，王健，王涛. 部分发达国家的学校体育发展方式及启示 [J]. 武汉体育学院学报，2015，49（1）：5-20.

④段琼. 德国学校体育发展的创新模式及其启示 [J]. 体育文化导刊，2015（10）：167-170.

⑤周小军. 德国体育场馆管理模式的特点及启示 [J]. 南京体育学院学报，2011（4）：35-36.

⑥张金桥，王健，王涛. 部分发达国家的学校体育发展方式及启示 [J]. 武汉体育学院学报，2015，49（1）：5-20.

⑦李冰，周爱光. 二战后日本青少年课外体育活动的政策及启示 [J]. 体育与科学，2012，33（6）：106-112.

成体育爱好并为其体育生涯奠定相应的心理及运动项目方面的基础①，主要活动形式包括自由体育俱乐部、特别活动或必修体育俱乐部等。必修体育俱乐部活动不局限于体育，它主要致力于学生综合素质及能力的全面发展，而未参加必修体育俱乐部的学生则可选择自由体育俱乐部活动形式，即利用课余时间参加其他由学生自主组织的体育活动。日本课外体育活动参与率、普及率高且内容丰富多样，学校和社区是青少年课外体育活动的主要阵地，父母的引导、鼓励及陪伴是日本青少年课外体育参与的“积极外因”②。

在澳大利亚，对于课外体育活动的开展，联邦政府和体育协会都有相应的政策、计划和方案。如澳大利亚体育委员会推出的“课后活跃社区计划（Active After-School Communities Program）”和“体育幼苗计划（Junior Sport Program）”均是专门为促进青少年体育活动实施的体育计划，旨在鼓励儿童参与体育活动，培养青少年对体育的热爱③。“课后活跃社区计划”主要针对小学生课外体育活动，为推动该计划的顺利实施，澳大利亚体育委员会通过协调地方人力资源，协助学校及课后儿童托管中心组织活动，并免费在每天下午课后向小学生提供课外体育活动，以增加青少年体育参与机会。

通过上述课外体育活动政策目标的比较分析，发现中、英、美、德、日、澳六国的课外体育活动政策相似之处体现在两个方面：一是从政策目标看，六个国家的课外体育活动都是将促进青少年积极参与课外体育活动、养成运动习惯作为目标；二是从政策目的看，六个国家的课外体育活动都是将其作为学校体育的延伸和补充，进而达到促进青少年体质健康的目的。中、英、美、德、日、澳六国课外体育活动政策目标的不同之处体现在五个方面：一是从形式看，存在明显不同。我国课外体育活动的主要形式是大课间、课间操、班级体育活动、课余体育培训等。英、美、德、日、澳课外体育活动的主要形式是体育游戏、班级体育竞赛、校际体育比赛、体育俱乐部活动等。二是从内容看，有明显不同。我国课外体育活动的主要内容是广播操、团体

---

①张迎春．中、美、日三国学校课外体育活动比较［J］．南京体育学院学报（社会科学版），2003（4）：113-115.

②李捷．日本青少年课外体育参与现状研究［J］．西安体育学院学报，2017，34（3）：263-269.

③李卫东，王健，黄睿，等．国外青少年体质健康促进政策的经验与启示［J］．武汉体育学院学报，2017，51（10）：13-17.

操、体育项目培训等。英、美、德、日、澳课外体育活动主要内容是依据个人爱好和兴趣选择不同的体育俱乐部进行体育活动、训练及参加不同项目的学习、接受指导、进行锻炼、比赛交流等。三是从主题看，不尽相同。我国课外体育活动的主题主要围绕团体操、团体活动和课余培训展开。英、美、德、日、澳课外体育活动的主题主要围绕个人兴趣和爱好进行个性化和小型化的体育项目学习、指导、训练和比赛交流，团体操等大型化的课外体育活动较为少见。四是从主体看，存在明显差异。我国课外体育活动的政策制定主体主要是官方主导下的相关政策、意见及活动，实施主体主要包括学校、培训机构等。英、美、德、日、澳的政策制定主体多元化，除了官方机构，还有半官方机构与各级体育协会。五是从强制程度看，明显不同。我国课外体育活动多数具有组织性、计划性和强制性。英、美、德、日、澳课外体育活动明显缺乏强制性，主要以个性化、兴趣化、选项化及自愿化为导向，不以强制性实施和整齐划一为目标。如美国青少年课外体育活动更大程度上以学生的体育锻炼意识为主导，以自主锻炼为主要形式。而我国以行政手段为推手，以学校引导为形式①。

①袁勇，张鹏．美国青少年课外体育活动对我国课外体育运动开展的启示［J］．上海理工大学学报（社科版），2016，38（1）：70-75.

第四章
CHAPTER 04

学校体育政策工具的比较

政策目标与政策工具是实现社会治理的主要方式，也是社会治理体系和政策体系的基本要素，二者之间相互联系、相互影响①。在实现社会治理体系和治理能力现代化的过程中，既要准确把握和确定好社会治理的政策目标和政策工具，也要充分发挥好社会治理的政策目标和政策工具的协同效应及溢出效应，进而实现社会治理的良性运行，并不断推动社会治理走向最优化。同样，学校体育治理作为社会治理复杂系统的组成部分之一，在实现学校体育治理体系和治理能力现代化的过程中，也离不开学校体育政策目标和学校体育政策工具的协同运行。为推动新时代学校体育治理体系和治理能力的现代化，学校体育政策工具的选择成为一个绕不开的问题。因此，在对学校体育治理体系、学校体育政策目标进行比较分析后，需要对学校体育政策工具进行分析，以期为新时代学校体育治理体系和治理能力现代化提供经验与启示。基于此，依据迈克尔·豪利特和 M. 拉米什的强制性政策工具、自愿性政策工具及混合性政策工具的分类理论，本章对中、英、美、德、日、澳的学校体育政策工具进行了比较研究。

强制性工具是政府运用自身强制力或直接作用于目标受众的工具类型，其目标受众在响应措施时只有很小或没有自由裁量的余地。自愿性政策工具是指行为的出发点是基于自身利益、道德或情感上的满足，且在自愿性的基础上完成。混合性工具兼有自愿性工具和强制性工具的特征，在允许政府将

①宁国良．社会政策目标和手段的系统论分析［J］．湘潭大学学报（哲学社会科学版），1997（6）：32-34.

最终决定权留给私人部门的同时，可以不同程度地介入政府部门的决策形成过程①。强制性政策工具主要涉及“落实”“必须”“禁止”“统一”等关键词，自愿性政策工具主要涉及“家庭和社区”，混合性政策工具涉及“信息”和“劝诫”②。与其他分类方式相比，迈克尔·豪利特和 M. 拉米什用一种浅显的分类原则将政策工具划分为相互排斥的三个方面，包含了大多数的政策工具类型，是公共政策领域应用最为广泛的分类理论③。具体如图 4-1 所示。

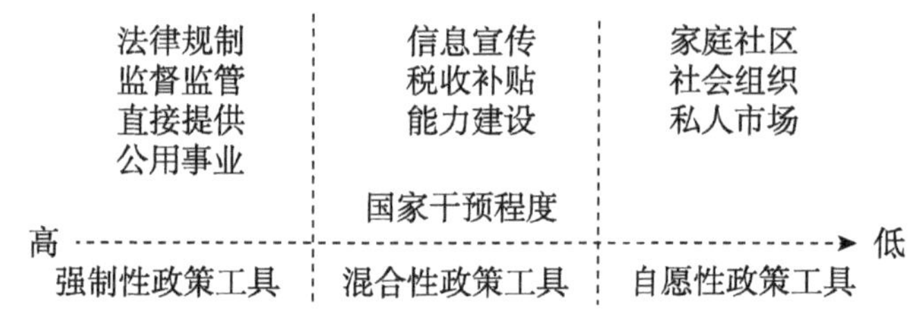

图 4-1　迈克尔·豪利特和 M. 拉米什政策工具分类图

第一节　学校体育强制性政策工具的比较

一、中、英、美、德、日、澳学校体育强制性政策工具的比较

学校体育强制性政策工具是指从法律、法规、条例、标准、规则、意见等方面对学校体育运行进行政策制定、实施及调整。在我国，学校体育政策强制性工具的主要形式包括党中央、国务院颁布的意见、法律法规条例及标准规则等。从党中央、国务院颁布的学校体育方面的相关意见看，近年来比

①迈克尔·豪利特，M. 拉米什. 公共政策研究：政策循环与政策子系统［M］. 庞诗，等译. 北京：生活·读书·新知三联书店，2006：60-62.

②袁梅，原子茜. 新中国中小学德育课程变迁：历程、特点与趋势——基于政策工具的视角［J］. 教育学术月刊，2020（2）：99-105.

③王法硕，钱慧. 基于政策工具视角的长三角城市群智慧城市政策分析［J］. 情报杂志，2017，36（9）：86-92.

较有代表性的是中央7号文件，中共中央、国务院《关于深化教育教学改革全面提高义务教育质量的意见》，中共中央办公厅、国务院办公厅《关于全面加强和改进新时代学校体育工作的意见》及国务院办公厅《关于强化学校体育促进学生身心健康全面发展的意见》等若干十分重要的学校体育强制性政策工具。这些关于学校体育发展的意见是党中央、国务院着眼于促进青少年体魄强健和“为党育人，为国育才”的战略高度，在不同时期、不同发展阶段作出的不同战略部署、总体安排及推进路径，它为我国学校体育的发展指明了方向，其在我国学校体育发展过程中具有重大意义，也是我国学校体育强制性政策工具的主要形式，居于我国学校体育强制性政策工具的主导地位。从法律、法规、条例看，主要包括“两法”“两条例”，即《中华人民共和国教育法》《中华人民共和国体育法》和《学校体育工作条例》《全民健身条例》。尽管“两法”“两条例”明确了我国学校体育的法定地位、保障措施及法律责任，但事关学校体育保障措施的相关条款不够明确和操作性不强，且刚性不足、柔性有余，致使我国学校体育时常陷入“于法有据”但“执法不足”的窘境。从标准规则看，主要包括《体育与健康课程标准》《国家学生体质健康标准》《中小学体育器材和场地（国家标准）》《小学体育器材设施配备标准》《初中体育器材设施配备标准》等。这些标准规则是我国学校体育强制性政策工具的主要表现形式，顺利实现了我国学校体育教学的有序进行，有力推动了我国学校体育的良性发展。

在英国，学校体育强制性政策工具的主要表现形式是法律、国家体育课程标准及教学大纲。1988年由保守党政府推动实施的英国教育改革，颁布了英国《教育改革法案》（*Education Reform Act 1988*），该法案明确规定公立学校的基础教育实施国家课程①，英国基础教育的体育课程由此进入国家课程标准时代，并于1995年颁布了全国公立学校实施的国家体育课程标准。为推动国家体育课程标准的实施，英国资格与课程局和英国教育与技能部颁布了与国家体育课程标准相配套且非常详细的指导性教学大纲，该大纲保证了国家体育课程标准的统一性，是英国各地学校、师生进行国家体育课程标准教学

①杨波，袁古洁．英国国家体育课程对我国体育课程改革的启示［J］．体育学刊，2007（6）：60-63.

和学习内容的依据①。在美国，学校体育强制性政策工具的主要形式是法律、法案，尽管NASPE研制的美国体育课程标准获得不少州的积极响应，但由于该标准是协会制定，缺乏强制性，因此，美国体育课程标准并非强制性政策工具。法律、法案比较有代表性的是《2011学校体育设施恢复法案》（*School Athletic Facilities Restoration Act of 2011*）、《美国人体育活动原则法案》（*Physical Activity Guidelines for Americans Act*）、《今日个人健康投资法案》［*Personal Health Investment Today*（*PHIT*）*Act*］等②。在德国，学校体育强制性政策工具的主要形式是德国的基本法、指导方针、体育计划等。如德国联邦政府于2007年推出的“健身取代肥胖”计划③以及由联邦政府支持州政府构建的“全日制学校计划”（All-day schools Programme）等。在日本，学校体育强制性政策工具主要包括《体育振兴法》《基本教育法》《教职员资格法》。这三部法律从体育课程、师资标准、经费使用以及管理等方面对事关学校体育发展的相关资源配置进行了强制性规制，基本保障了日本学校体育的发展与运行④。在澳大利亚，学校体育政策强制性政策工具主要是法案、计划、课程标准等。如联邦政府制定的《全民健身法案》（*National Fitness Act*）、澳大利亚体育委员会推出的“课余社区活跃计划”（Active After-school Communities，AASC）、联邦休闲与旅游部推出的“The way we play”、联邦政府卫生与家庭服务部推出的“活跃澳大利亚：国家参与机构”（Active Australia：A National Participation Framework）计划及教育、就业和劳资关系部统一制定的“健康与体育教育标准”等。澳大利亚学校体育在这些法案、计划和课程标准的推动下，提高了青少年体育活动参与率，有效促进了澳大利亚青少年体质健康的增强。AASC旨在免费为全澳大利亚的儿童青少年提供更多参与体育活动的机会，并保证其持续性，内容是为5～12岁的小学生提供每周至少2～3次免费

①黄晓灵．二战以来英国学校体育课程改革述评［J］．西南大学学报（社会科学版），2009，35（3）：144-147.

②张文鹏．中国学校体育政策的发展与改革研究［D］．武汉：华中师范大学，2015：83-85.

③彭国强，舒盛芳．德国体育战略演进的历程、特征与启示［J］．上海体育学院学报，2017，41（5）：28-35.

④张文鹏．中国学校体育政策的发展与改革研究［D］．武汉：华中师范大学，2015：94-96.

的体力活动，且每次组织活动至少要有 15 人参加①。

从以上各国学校体育政策强制性政策工具的比较看，学校体育政策强制性政策工具的相同点是法律和标准，这也是各国学校体育政策强制性政策工具最常用的形式，内容涵盖了学校体育运行机制、资源配置及法律责任等。各国学校体育政策强制性政策工具的不同点是形式和内容存在明显区别。从学校体育政策强制性政策工具的形式看，我国的学校体育政策强制性政策工具包括法律、法规、条例、标准、规则、意见诸多形式，而英、美、德、日、澳学校体育政策强制性政策工具包括法律、标准、计划等，相对我国丰富多样的学校体育政策强制性政策工具而言，形式较为单一。“意见”作为学校体育政策强制性政策工具在我国具有特殊地位和关键作用，直接决定了学校体育的发展方向和实施情况，而英、美、德、日、澳学校体育政策强制性政策工具中“意见”的形式较为罕见，这个形式属于我国学校体育政策强制性政策工具的主要特色。从学校体育政策强制性政策工具的内容看，体育课程作为学校体育教学的主要形式，是各国学校体育政策强制性政策工具的主要内容，尽管不同国家体育课程的呈现形式不同，但其内容和政策指向是趋于相同的。

二、中、英、美、德、日、澳学校体育监督性政策工具的比较

学校体育监督性政策工具是指对学校体育运行进行的监督、考核评价、许可禁止等措施。在我国，学校体育政策监督性政策工具主要表现为学校体育督导、考核、评价及许可等。在学校体育督导方面，主要由教育部牵头进行学校体育工作专项督导，形成了中央、省、市、县 4 级督导体系②。督导内容主要包括中小学体育课开课率、体育场地设施配备及学校体育工作落实等情况③。在学校体育考核评价方面，主要包括中小学校体育工作评估、学生体质健康监测评价及学校体育工作年度报告等，其考核评价的主要目的是推动

①徐士韦．《活跃澳大利亚蓝图：十大重点领域行动计划》解析［J］．西安体育学院学报，2014，31（3）：425-432.

②霍军，朱文浩．中美学校体育督导比较研究［J］．安徽体育科技，2020，41（2）：1-5.

③李秋菊．中国学校体育督导研究［D］．北京：北京体育大学，2013：56-57.

学校教育要立德树人和坚持“为党育人，为国育才”的原则，以实现素质教育和促进青少年体魄强健。当前，我国学校体育考核评价已从过程管理转向结果管理、从弹性政策转向刚性政策以及从边界模糊转向边界清晰①。在学校体育政策监督性政策工具的许可禁止方面，主要表现为学校体育器材和场地设施生产许可、学校体育教学禁止侵占、学校体育场地禁止侵占等。

在英国，学校体育监督性政策工具的主要形式是教育督导和考核评价等。学校体育工作的教育督导机构是教育标准局，它最显著的特点是独立性②，由“皇家督学”“注册督学”“督学”三级构成③，其重要任务是收集相关的第一手资料、获取监管评估指标所要求的信息、形成对学校效能和质量的整体判断，并完成学校体育工作督政报告④，它是教育标准局、教育大臣和决策者形成全国性评价和决策的重要基础⑤。英国学校体育考核评价的主要内容是公立学校国家体育课程标准实施情况，体育俱乐部、社区俱乐部、学校与体育俱乐部协同等，并以考核评价结果作为获取联邦政府奖励、补助及税收豁免的条件。在美国，学校体育督导主要由州、地方教育局及学区实施⑥。近年来，体育督导的责任由州转向行政区，配备专职体育督导的行政区由 1994 年的 51%上升到 2000 年的 63%⑦。另外，全国性的社会组织也以推动体育教育督导为宗旨。如“体育与体育教育协会”“体育教育、娱乐、舞蹈教育协会”“全美教育评估协会”“美国教育委员会”为评价学生运动知识和技能水平及体育教师进行督导，并为制定政策提供相关信息⑧。美国学校体育考核评价主要基于联邦政府的相关学校体育和青少年体质健康促进法案进行，主要形式是联邦政府相关法案设置一定标准，面向各州和学区开放申请，并以达到联邦政府法案绩效考核评价的最低要求为获取联邦政府补助金的必要条件。在德国，没有独立

①张文鹏，王健，董国永．让学校体育政策落地生根——基于教育部［2014］3 号文的解读［J］．体育学刊，2015，22（1）：66-69.

②李世恺．英国教育督导制度之考察［J］．江苏高教，2001（3）．86-87.

③陈雪．中英义务教育督导制度的比较与启示［J］．辽宁教育行政学院学报，2013（1）：56-60.

④张倩，陈志超．中英学校体育督政对比分析［J］．体育科技文献通报，2019，27（2）：175-177.

⑤孙河川．教育督导与评估指标［M］．北京：中国社会出版社，2017：132-133.

⑥隋红，王健．美国学校体育督导制度的经验与启示［J］．体育文化导刊，2014（3）：145-148.

⑦Sarah M Lee, Charlene R Burgeson. Physical education and physical activity: results from the school health policies and programs study 2006［J］. Journal of School Health, 2007, 77（8）：452-455.

⑧隋红，王健．美国学校体育督导制度的经验与启示［J］．体育文化导刊，2014（3）：145-148.

的督导系统和督导机构，教育督导的主要特点是教育督导机构与教育行政机构一体化，教育督导贯穿于教育行政整体工作之中，但督导事务与行政事务明确分开，在联邦州、区、县市三级教育行政机构中，均设有督导人员，形成了与教育行政机构一体化的三级教育督导机构，督导人员以对教育质量的视察和指导为主，主要包括对课程教学、学校规划建设、教师管理及学生管理的督导①。德国学校体育评价不是简单的技术、技能考评或身体健康测试，而主要是体育知识、技术技能和情感三方面的考核评价，强调过程性评价，关注个性评价②。在日本，学校体育督导分为两个层次和三个级别，两个层次指文部科学省的视学官和地方教育委员会的指导主事；三个级别指文部科学省、都道府县及市町村③，形成了文部省、地区教委、市镇村完整的督导体系④。文部科学省的初等中等教育局下的视学官和都道府县、市町村的教育委员会下属的事务局内的指导主事对学校体育督导负责。日本教育督导人员结构正逐渐向专业化靠拢，专职督导人员多于兼职人员，具有管理专业背景的督导人员数量有增加的趋势⑤。在澳大利亚，学校体育尚未设置专门督导机构和配备专门人员，其依附于教育行政部门的督导，澳大利亚学校教育也没有专门的督导机构，一般是州教育部门下设的质量评估局及考试和证书委员会负责包括学校体育在内的学校教育的督导事宜。质量评估局负责学校的发展状况和策略方面的评估和指导，考试和证书委员会负责州中小学的课程设计及初中和高中毕业考试的命题和评分⑥。另外，澳大利亚国家课程评估报告机构（ACARA）、民间组织等也监督和指导面向澳大利亚全国中小学生的国家课程标准的评估⑦。

从以上各国学校体育监督性政策工具比较看，尽管各个国家学校体育政策监督、考核评价方法和方式不同，但都通过不同的方式和方法对学校体育

①穆岚．法、德、日三国教育督导制度基本特点及其启示［J］．教育理论与实践，2008（22）：36-39.

②潘华．中德两国中小学体育教学的比较［J］．体育学刊，2007（3）：73-76.

③李建民，肖甦．新世纪日本教育督导改革探析［J］．比较教育研究，2007（7）：17-21.

④李秋菊．中国学校体育督导研究［D］．北京：北京体育大学，2013：19-20.

⑤李建民，肖甦．新世纪日本教育督导改革探析［J］．比较教育研究，2007（7）：17-21.

⑥俞婷婕．澳大利亚教育督导的特点及启示［J］．国家教育行政学院学报，2007（10）：91-95.

⑦李欣玥．澳大利亚《F-10体育与健康国家课程标准》解析及启示［J］．体育成人教育学刊，2018，34（6）：65-67.

工作进行了监督、考核与评价，没有放任学校体育的发展。各国学校体育政策监督性政策工具的相同之处体现在两个方面，一是对学校体育政策和学校体育进行监督是各国通行的做法；二是通过对学校体育政策执行和学校体育工作进行监督、考核及评价，进而调整、优化相关政策以进一步推动学校体育发展的目的相同。不同之处有四个方面：一是监督的形式不尽相同，如在我国，学校体育政策执行和学校体育工作主要是通过教育部专项学校体育工作督导的形式进行，并非常态的监督机构；英、美、德、日、澳学校体育政策和学校体育工作监督形式较为多样，包括政府部门和非政府部门的监督。二是监督的内容不尽相同，如我国是专门的学校体育监督、考核及评价，内容较为单一；英、美、德、日、澳学校体育监督相对较为复杂，除了学校体育方面，还涉及体育参与率、预防肥胖、个性发展等内容。三是监督机构不同，如我国主要是教育部和各级教育部门监督；在英、美、德、日、澳则是多个部门共同监督。四是监督人员配置不尽相同，如我国各级教育部门设立了体艺卫司、体艺卫处、体艺卫科等纵向监督治理机构，并配置专门工作人员协调、组织学校体育工作方面的监督；英、美、德、日、澳则没有专门的学校体育监督部门，是由多个部门和不同人员及社会组织共同监督并发布报告，以供政府决策参考。

三、中、英、美、德、日、澳学校体育直接提供政策工具的比较

学校体育直接提供政策工具是指对学校体育运行所需要的各种资源由政府直接进行服务、管理、购买及财政的转移支付等措施。在我国，学校体育政策直接提供政策工具的表现形式包括财政转移支付、政府购买服务、纵向归口管理、体育与健康课程标准及学生用书等。如政府提供义务教育阶段免费的《体育与健康》学生用书、中小学校园足球体育教师培训项目、中国校园足球教师及教练员（讲师）赴国外留学项目、中小学体育教师“国培”“省培”计划、政府购买学校体育设施对外开放、校园体育活动计划等。

在英国，学校体育政策直接提供政策工具的表现形式包括国家体育健康课程标准、体育志愿者、社区体育俱乐部、体育教师教练培训、学校体育伙

伴关系、学校体育与俱乐部发展战略等。在美国，学校体育直接提供政策工具包括联邦政府教育部门资助、州政府与教育部门资助及各种学校体育活动计划。在德国，学校体育政策直接提供政策工具主要包括体育教学大纲、教学计划、联邦政府及州政府资助、体育教师教练培训及体育志愿者服务等。在日本，学校体育直接提供政策工具包括学校体育伤害保险、学习指导要领制定、学校体育活动计划等。在澳大利亚，学校体育政策直接提供政策工具主要包括健康与体育课程制定、澳式体育、联邦政府与州政府资助及学校体育活动计划等。如联邦卫生与家庭服务部的“活跃澳大利亚：国家参与机构”计划（Active Australia：A National Participation Framework）和澳大利亚的“活跃澳大利亚蓝图”计划，计划的三个主要目标之一就是兴建基础设施，为体育参与提供机会和服务，是联邦政府和社区旨在提高澳大利亚人体力活动水平的战略计划。

从学校体育政策直接提供政策工具的比较看，各个国家学校体育政策直接提供政策工具既有相同之处，也有明显区别。学校体育直接提供政策工具的相同之处如下：一是目的相同，各国学校体育直接提供政策工具的主要目的都是推动学校体育政策的落地执行及学校体育的有序良性运行；二是目标相似，各国都将促进青少年参与体育活动、增强体质健康作为学校体育直接提供政策工具的主要目标。不同之处表现在以下几个方面：一是形式不尽相同，在我国，学校体育直接提供政策工具的形式丰富多样，涵盖从校内到校外，从师资培训到教材免费，从政府购买公共服务到财政转移支付等多种形式，相对而言，英、美、德、日、澳学校体育直接提供政策工具的形式少于我国；二是内容不尽相同，我国学校体育直接提供政策工具的内容围绕教材教科书、财政转移支付、学校体育管理、师资培训及政府购买公共服务展开，而英、美、德、日、澳则围绕体育俱乐部、社区体育及社区体育俱乐部、体育师资教练、体育志愿者及政府资助展开；三是范围不尽相同，我国学校体育直接提供政策工具的范围广、形式多样，而英、美、德、日、澳相对而言，学校体育直接提供政策工具的范围和形式不如我国广泛；四是重点不尽相同，我国学校体育直接提供政策工具的重点围绕体育教科书、体育与健康课程标准、体育师资培训及校园学校体育活动计划展开，而英、美、德、日、澳学校体育直接提供政策工具主要围绕校内体育课和校外体育活动同时展开，尤其是对体育俱乐部、社区体育俱乐部和校外体育活动计划进行重点关注。

第二节　学校体育混合性政策工具的比较

混合性政策工具在政策工具中的应用日益增多，且在政策工具总量中的比重也比较大①。在中小学教育政策工具中，混合性政策工具主要表现为信息与劝诫型政策工具和补贴型政策工具两类②。从各国学校体育政策混合性政策工具的实践来看，信息与劝诫型政策工具和补贴型政策工具是最为常用的两类学校体育政策工具。基于此，以下为各国学校体育的信息与劝诫型政策工具和补贴型政策工具的比较研究。

一、学校体育信息与劝诫型政策工具的比较

信息与劝诫型政策工具包括信息发布、信息公开、建设舆论工具、教育学习、舆论宣传、鼓励号召、呼吁、象征、劝诫、示范。在我国的学校体育政策工具中，信息与劝诫型政策工具主要包括学校体育政策的信息发布、信息公开、教育学习、舆论宣传、鼓励号召、呼吁及示范，而我国学校体育政策的建设舆论工具、象征及劝诫工具的运用则较为少见。在英国，学校体育政策常用的工具包括信息发布、信息公开、建设舆论工具、教育学习、舆论宣传、鼓励号召、呼吁、象征、劝诫及示范，尤其常用建设舆论工具、教育学习、舆论宣传、鼓励号召、呼吁、劝诫及示范工具。在美国，学校体育信息与劝诫型政策常用的工具包括信息发布、信息公开、建设舆论工具、教育学习、舆论宣传、鼓励号召、呼吁、劝诫及示范，较为注重建设舆论工具、舆论宣传、鼓励号召、呼吁、劝诫及示范。在德国，学校体育信息与劝诫型

①袁梅，原子茜．新中国中小学德育课程变迁：历程、特点与趋势——基于政策工具的视角［J］．教育学术月刊，2020（2）：99-105.

②曲洁．义务教育改革与发展的政策工具研究［D］．上海：复旦大学，2013.

政策常用的工具包括信息发布、信息公开、建设舆论工具、教育学习、舆论宣传、鼓励号召、呼吁、劝诫及示范，尤其注重建设舆论工具、教育学习、舆论宣传、鼓励号召、劝诫及示范工具的运用。在日本，学校体育信息与劝诫型政策常用的工具包括信息发布、信息公开、建设舆论工具、教育学习、舆论宣传、鼓励号召、呼吁、劝诫及示范，非常重视学校体育政策的建设舆论工具、教育学习、舆论宣传、鼓励号召、呼吁、劝诫及示范工具的综合运用。在澳大利亚，学校体育信息与劝诫型政策常用的工具包括信息发布、信息公开、建设舆论工具、教育学习、舆论宣传、鼓励号召、呼吁、劝诫及示范，善于建设舆论工具、教育学习、舆论宣传、鼓励号召、呼吁、劝诫及示范工具的运用。

从以上学校体育信息与劝诫型政策工具的比较看，各国对此类政策工具的运用较为相似，在学校体育政策的信息发布和信息公开方面都做到了及时面向社会公开，并在舆论宣传、鼓励号召及呼吁方面基本相同，能够在相关学校体育政策公开实施后及时发动舆论宣传政策，同时进一步呼吁和号召社会各界认同、理解和支持学校体育政策，进而推动社会各界支持学校体育的发展。不同之处是各国在学校体育信息与劝诫型政策工具的运用中侧重点不同。整体看，我国学校体育信息与劝诫型政策工具侧重教育学习、舆论宣传、鼓励号召、呼吁及示范工具的运用，尤其在相关学校体育政策制定和公布后，学校体育政策制定部门和宣传部门会发起一轮集中的舆论宣传和教育学习，并号召、呼吁社会各界了解学校体育政策，进而推动社会各界支持学校体育的发展，同时，也会选择相应的示范点先实验摸索经验，然后总结经验模式再进行面向全国的推广实施。而英、美、德、日、澳学校体育信息与劝诫型政策工具侧重建设舆论工具、教育学习、舆论宣传、鼓励号召、呼吁、劝诫及示范工具的运用。

二、学校体育补贴型政策工具的比较

补贴型政策工具主要包括赠款、直接补助、财政奖励、实物奖励、税收优惠、票券、利率优惠、契约（服务外包和公私合作）等。在我国，学校体育补贴型政策工具常用的包括直接补助、财政奖励及实物奖励等，而赠款、税收优惠、票券、利率优惠及契约型工具的运用较为罕见。在英国，学校体育补贴型政策工具包括赠款、直接补助、财政奖励、税收优惠、契约等，尤其是直接补助、税收优惠、服务外包及公私合作在学校体育补贴型政策工具中较为常见，而英国学校体育政策票券、利率优惠型工具较为少见。如英国青少年体育信托机构（Youth Sport Trust，YST）是英国学校体育公共服务外包与合作的主要桥梁，它已成为连接英国教育部门、学校与俱乐部之间的一个专门平台①。在美国，学校体育补贴型政策工具常用的包括直接补助、财政奖励、税收优惠、契约工具等，而涉及学校体育政策的赠款、实物奖励、利率优惠等较为少见，美国学校体育补贴型政策工具特别重视财政奖励、服务外包和公司合作。尽管美国联邦政府较少干预学校体育事宜，但联邦政府和州政府常通过契约形式，将体育课程、体质测评及体育师资培训等事宜，以服务外包的方式委托给社会组织来实施②。在德国，学校体育补贴型政策工具主要包括直接补助、财政奖励、税收优惠及契约等，而德国赠款、实物奖励、利率优惠等方面的学校体育补贴型政策工具较为少用。在日本，学校体育补贴型政策工具主要包括直接补助、财政奖励、税收优惠及契约等，尤其是直接补助、财政奖励、税收优惠等方面的学校体育补贴型政策工具的运用比较常见，而关于赠款、实物奖励及利率优惠等补贴型工具的运用较少。

从以上学校体育补贴型政策工具的比较看，各国学校体育政策补贴型政策工具运用的形式和侧重点既有相似之处，也存在明显区别。各个国家学校体育补贴型政策工具的相似之处体现在：直接补助和财政奖励在各个国家的学校体育政策补贴型政策工具中被普遍推行。学校体育补贴型政策工具在各个国家运用的不同之处体现在以下几个方面。一是侧重点不同。如我国侧重直接补助、财政奖励及实物奖励等，但实物奖励近年来已较为少用，而英、美、德、日、澳学校体育补贴型政策工具侧重点在于直接补助、财政奖励、税收优惠及契约型工具的运用。即使同样是契约型政策工具的运用，不同的国家侧重点也不同。如同样是服务外包，澳大利亚侧重课外体育活动与户外

①李峰，刘璐．发达国家政府购买公共体育服务的经验及其启示［J］．云南行政学院学报，2017，19（2）：157-164.

②王健，王涛，董国永，等．美国、澳大利亚学校体育外包的实践及经验启示［J］．北京体育大学学报，2015，38（10）：83-89.

拓展活动，游戏课、澳式橄榄球、水上运动、健身与球类竞技运动等是常被外包的主要项目①，而美国服务外包则侧重体育课程、体质测评及体育师资培训等，英国则侧重通过 YST、社区体育俱乐部等实施。二是运用形式不同。我国学校体育补贴型政策工具的形式较少，主要是直接补助、财政奖励及实物奖励，而英、美、德、日、澳学校体育补贴型政策工具的形式较为丰富，包括赠款、直接补助、财政奖励、实物奖励、税收优惠、票券、利率优惠及契约等多种形式的综合使用。

第三节　学校体育自愿性政策工具的比较

迈克尔·豪利特和 M. 拉米什认为，自愿性政策工具的出发点是基于自身利益、道德或情感上的满足，并在自愿的基础上所采取的行为，也是经济政策和社会政策的重要补充②。自愿性工具可细化为家庭和社区、自愿性组织、自愿性服务、市场与市场自由化几类③。在政策执行过程中，自愿性政策工具既呈现出灵活、创新及成本低的优点，也存在公平性不足等问题。基于此，以下从家庭和社区型工具、自愿性组织及服务型工具两个方面进行比较分析。

一、学校体育家庭和社区型政策工具的比较

中央 7 号文明确要求，“加强家庭和社区的青少年体育活动，形成学校、家庭和社区的合力”，并强调“学校、社区要和家庭加强沟通与合作，组织开展多种多样的青少年体育活动”，以推动学校、家庭和社区在促进学校体育发展和增强青少年体质健康方面积极融合与形成合力。2016 年 5 月 6 日，国务

①王健，王涛，董国永，等. 美国、澳大利亚学校体育外包的实践及经验启示［J］. 北京体育大学学报，2015，38（10）：83-89.

②迈克尔·豪利特，M. 拉米什. 公共政策研究：政策循环与政策子系统［M］. 庞诗，等译. 北京：生活·读书·新知三联书店，2006：61.

③曲洁. 义务教育改革与发展的政策工具研究［D］. 上海：复旦大学，2013.

院办公厅颁发了《关于强化学校体育促进学生身心健康全面发展的意见》（国办发〔2016〕27号，以下简称国办发27号文），明确提出鼓励学生积极参加校外全民健身运动，家长要支持学生参加社会体育活动，社区要为学生体育活动创造便利条件，逐步形成家庭、学校、社区联动，共同指导学生体育锻炼的机制。2020年10月，中共中央办公厅、国务院办公厅印发《关于全面加强和改进新时代学校体育工作的意见》，提出了“改革创新，面向未来”“补齐短板，特色发展”“凝心聚力，协同育人”三个基本工作原则，并在“凝心聚力，协同育人”原则下明确指出要建立完善家庭、学校、政府、社会共同关心支持学生全面健康成长的激励机制。以上一系列文件从政策上明确了家庭和社区型政策工具的类型，并从政策上支持、鼓励与引导家庭、社区及学校形成合力，共同促进青少年参与体育活动，但由于认识不足、跟进迟缓、家庭和社区资源供给乏力以及学校、社区、家庭沟通欠缺等问题的存在，致使我国学校、社区、家庭体育的一体化发展进程受阻①。

在英国、德国和日本，社区体育俱乐部倡导非营利性和公益性，青少年学生依据个人兴趣和爱好，自愿参加社区各种类型的体育俱乐部活动，英国、德国的社区体育俱乐部属于综合性的，而日本则是单一项目的体育俱乐部居多，但三国社区体育俱乐部都采取会员制进行活动②。另外，家庭成员也经常积极参与青少年各种体育活动。美国积极调动家庭和社区参与学校体育，如实施的“综合性学校体育活动计划”取得了明显的效果，该计划包括优质体育课程、校内体育活动、校外体育活动、家庭及社区的共同参与③。澳大利亚积极推动青少年参与澳式体育和社区体育俱乐部活动，如联邦政府与各州政府资助的“参与·运动·澳大利亚”计划和“活跃课外社区计划”，目的就是有组织地提升青少年体育活动的参与率、增强社区体育管理能力以及提供资金支持④。

---

①王先茂，王健，鲁长芬，等．学校、社区、家庭体育一体化发展困局、域外经验与发展对策研究［J］．成都体育学院学报，2019，45（3）：112-118.

②唐建军，孟涛，李志刚，等．英、德、日社区体育俱乐部基本状况和存在的问题［J］．体育与科学，2001（3）：8-11.

③文刚，王涛，刘志民．美国《综合性学校体育活动计划》解读及对我国青少年体育的启示［J］．成都体育学院学报，2018，44（5）：100-105.

④汪颖，李桂华．澳大利亚新一轮体育改革特点及其启示［J］．体育文化导刊，2016（9）：20-23.

由以上比较可知，从学校体育政策工具的层面看，尽管我国学校体育的家庭和社区型政策工具在多个中央层级的政策文件中进行了表达，但由于基层利益相关者对家庭和社区型工具在实际执行过程中认识不够，活动空间匮乏以及执行乏力，家庭和社区型政策工具在青少年体育活动中存在弱化的现象，难以发挥学校、家庭和社区的作用，尚未形成“家、校、社”一体化推动青少年参与体育活动的良好局面。而英、美、德、日、澳家庭和社区型政策工具在推动学校、社区和家庭积极参与学校体育活动方面运用得比较好，形成了“家、校、社”一体化推动青少年参与体育活动的局面，有效地发挥了家庭和社区型政策工具的积极作用。英、美、德、日、澳在学校体育治理过程中形成的家庭和社区型政策工具的有益经验与实践，对今后我国学校体育政策工具的优化与调整具有积极的参考意义。

二、学校体育自愿性组织及服务型政策工具的比较

在自愿性组织与服务型政策工具方面，我国1993年国家体育运动委员会颁布实施的《社会体育指导员技术等级制度》明确要求各级社会体育指导员义务从事社会体育的指导工作。2011年国家体育总局印发的《社会体育指导员发展规划（2011年—2015年）》进一步在社会体育指导员的队伍、结构、培训、管理及保障措施等方面作出了明确规定。经过20多年的发展，我国初步建立了以社会体育指导员为主的体育志愿者队伍，但也存在难以进入社区、志愿服务频次及时长不足等问题。另外，国家体育总局为推动体育志愿服务建设，也出台了鼓励奥运冠军等优秀运动员进行志愿服务的政策文件。如2009年9月17日，国家体育总局颁发了《关于广泛开展全民健身志愿服务活动的通知》，提出要定期组织奥运冠军等优秀运动员深入社区、学校、农村和企事业单位，参加全民健身社会公益活动，并要求现役优秀运动员每年参加志愿服务活动的时间累计不少于7天，还指出要开展体育教师和体育大学志愿服务活动，并鼓励他们走进社区。2010年12月13日，国家体育总局印发了《建立全民健身志愿服务长效化机制工作方案》，该方案提出要建立全国范围内层级化的组织网络体系，形成以社会体育指导员队伍为主体，优秀运动员、教练员、体育科技工作者、体育教师和体育专业学生组成的全民健身志

愿服务者队伍。2012 年 2 月 13 日，国家体育总局印发了《优秀运动员全民健身志愿服务实施办法（试行）》，该办法明确规定了优秀运动员有义务进行志愿服务，且每年参与全民健身志愿服务的次数不少于 2 次。上述政策文件对推动我国体育志愿服务的发展具有一定的积极作用，但囿于优秀运动员训练、比赛任务重，多数运动员难以达到文件规定的志愿服务次数。随着我国经济社会的快速发展以及人们参与体育活动的意识增强，体育志愿服务的队伍也日益壮大起来，其服务内容多样、服务意识增强，社会影响力也不断扩大，但服务领域以赛会志愿服务为主，且志愿服务的水平、质量有待提升，体育志愿服务体系和体育志愿服务人才培养仍需要进一步加快完善①。

在英国，从事社区体育志愿服务的体育教练员人数较多，达到了 150 万人，周服务平均时长 2.5 小时，年均 125 小时，并从政策上鼓励体育志愿服务。如政府推出的“体育志愿者参与计划”，该计划目的是培养服务于社区体育的志愿者，促进大众体育的发展②。英国的自愿性组织在学校体育治理中也发挥了关键作用。如青少年体育信托基金就是英国体育志愿服务领域非常有代表性的非营利性组织，其颁布的《运动改变生活：2013—2018 年青少年体育信托基金战略计划》积极推动学校、家庭、社区协同促进青少年参与体育活动，并明确了学校的领导者角色和社区的合作伙伴角色，既发挥了学校为青少年教学、训练、比赛提供资源保障的优势，也调动了社区参与青少年体育指导并提供便利条件的积极性③。青少年信托基金在营造青少年积极健康的家庭体育氛围、改善部分贫困地区的体育环境、培养教练员及志愿者等方面提供专项资金支持，还推出了“家门口俱乐部计划”④。该组织为促进家庭参与青少年体育活动，还推出了“优质父母计划”，旨在通过在线的形式为家长/监护人提供实时的青少年体育活动信息。

在美国，体育志愿服务及组织的主要特点是法律保障、肯定志愿服务价

①发达，赵元吉，邱辉．健康中国视域下我国体育志愿服务长效化发展研究［J］．体育学刊，2020，27（4）：56-60.

②艾俊．西方国家培养体育志愿者的概况及启示［J］．体育学刊，2005（2）：130-133.

③Youth Sport Trust. Youth sport trust sport changes lives strategic plan：2013—2018［EB/OL］．（2016-01-01）［2020-11-05］．https://www.youthsporttrust.org/content/strategic-plan-2013.

④王先茂，王健，鲁长芬，等．学校、社区、家庭体育一体化发展困局、域外经验与发展对策研究［J］．成都体育学院学报，2019，45（3）：112-118.

值、税收优惠鼓励服务、重视自愿组织、依托网络平台以及提高志愿服务效能①，这主要得益于以美国志愿团（American Corps）、和平志愿团（Peace Corps）以及资深志愿团（Senior Corps）为基础的完备的自愿服务组织与自愿服务体系②。这些组织既依据美国国会通过的"国家与社区服务法案"框架展开组织服务、社区合作、公共建设、教育、社会发展及志愿服务等工作③，也依据《志愿者服务法案》（*Domestic Volunteer Service Act*）和《志愿者保护法案》（*Volunteer Protection Act*）对美国包括社区体育和学校体育在内的志愿者进行招募、培训、督导、管理等。体育志愿服务及组织在美国学校体育和社区体育活动中经常可见，并担当了重要的角色，成为促进美国学校体育和社区体育活动的主要力量之一，美国的社区体育志愿者管理已形成较为完善的法律保障、组织管理、志愿者行为规划、志愿者招募与管理以及良好的培训体系、评价与激励机制④。

在德国，学校体育和社区体育活动中，除了学校、体育教师主导外，在体育俱乐部中进行的体育学习、训练大部分由会员志愿者免费组织实施。德国社区体育会员志愿者总数在250万人以上，他们在社区体育活动中发挥了不可或缺的作用。为鼓励人们积极参与体育志愿服务，德国也制定了相关政策。如1999年推出的"体育运动中的隐藏之星"计划，主要目的是让人们理解关注体育志愿服务、增强体育志愿服务动机、提高体育志愿者及体育志愿服务的社会评价，以提升人们参与体育志愿服务的积极性⑤。

在日本，社区体育志愿者主要是利用日常生活时间定期为社区体育团体、体育少年团、棒球队等进行体育指导服务以及为体育俱乐部管理提供帮助服

①薛玉佩．美国体育志愿服务的激励机制及其启示［J］．体育文化导刊，2012（11）：16-19.

②王存良．美国公共体育服务中社区体育志愿者的管理模式［J］．武汉体育学院学报，2016，50（8）：13-17.

③辛华．当前美国志愿者与志愿服务组织状况探讨［J］．哈尔滨师范大学社会科学学报，2013，19（6）：15-17.

④王存良．美国公共体育服务中社区体育志愿者的管理模式［J］．武汉体育学院学报，2016，50（8）：13-17.

⑤艾俊．西方国家培养体育志愿者的概况及启示［J］．体育学刊，2005（2）：130-133.

务的志愿者[①]，又分为“体育指导志愿者”和“体育经营志愿者”两类。“体育指导志愿者”从事社区指导、裁判及助教等工作，“体育经营志愿者”从事会计、事务、机关杂志等工作[②]。日本体育志愿者有比较完善的培训及表彰制度，如文部科学省颁布的《体育功劳奖》《文部大臣表彰制度》《体育劳动者表彰制度》及《社会体育优良团体表彰制度》是关于体育志愿服务的主要表彰政策文件。

在澳大利亚，政府依托“志愿者参与计划”“活跃澳大利亚计划”等政策文件，有效地推动了澳大利亚体育志愿服务与志愿组织的发展，取得了良好的效果。“志愿者参与计划”的主要内容是建构志愿者主管机构（澳大利亚体育部、8个地方体育娱乐局、澳大利亚体联、澳大利亚体育管理者协会）、实施机构（全国志愿者参与计划机构，共8个）、工作目的（增强和提高体育志愿者在体育志愿服务中的作用和地位）以及工作目标（建立志愿者协调机构），并对体育志愿者进行任用、培训及表彰。而“活跃澳大利亚计划”则以促进全国范围内的大众体育活动为基础，构建了地方政府、学校及参与者的网络支持系统[③]。

从自愿性组织及服务型政策工具的比较看，中、英、美、德、日、澳学校体育的自愿性组织及服务型政策工具存在明显不同。从政策工具形式上看，我国学校体育自愿性组织及服务型政策工具存在阙如，而英、美、德、日、澳的自愿性组织及服务型政策工具则包括法律、法案、体育活动计划等多种形式；从政策工具的内容上看，我国学校体育领域自愿性组织及服务型较为少见，而英、美、德、日、澳则比较丰富和常见。整体而言，我国学校体育治理的自愿性组织及服务型政策工具运用的较少，仅限于以体育部门鼓励奥运冠军、世界冠军到社区、学校进行志愿服务为主的实践逻辑，缺乏教育部门、其他部门及更高层面的协同治理，社会体育指导员也尚未发挥自愿性组织及服务型政策工具在我国学校体育治理中的作用。事实上，在奥运冠军、

---

①曹荣芳，王佳，王跃．中日体育志愿者现状及培养体系的比较研究［J］．武汉体育学院学报，2009，43（7）：33-36.

②丛宁丽．析日本体育志愿者的培养体系及实施现状［J］．成都体育学院学报，2002，28（1）：44-46.

③艾俊．西方国家培养体育志愿者的概况及启示［J］．体育学刊，2005（2）：130-133.

世界冠军繁重的训练、比赛等任务压力下，从优秀运动员、教练员到直接主管都对其从事体育志愿服务心存疑虑，只有在更高层面迫于动员及示范的政策要求，且在不影响训练、比赛的前提下，才会选个别运动员“走马观花”式地到个别地方进行“作秀式”的示范，难以保持稳定的体育志愿服务供给能力和供给水平。而英、美、德、日、澳的自愿性组织及服务型政策工具运用的较多，诸如采用专项资金支持，实施注册制、年均志愿服务时间制、跨部门协同制，实施体育志愿者培训及评价等制度。这些制度的实施推动了英、美、德、日、澳的体育志愿者进社区和学校进行体育志愿服务，对促进社区体育活动的有效开展发挥了重要的作用，值得我国在自愿性组织及服务型政策工具的制定和完善过程中借鉴经验。

第五章
CHAPTER 05
学校体育政策比较的启示

学校体育政策作为促进青少年体质健康的主要手段，各个国家依据政治、经济、社会、文化、教育、历史及青少年体质等的不同情况，制定了不同的学校体育政策目标，安排了不同的学校体育政策工具，并在长期的学校体育政策实践及探索过程中，逐渐形成了一套符合自己国家学校体育发展的政策治理体系。尽管不同国家的学校体育治理体系、政策目标及政策工具的形成都有特定的时代背景、社会环境及发展要求，但透过公共政策的分析框架，从体系维度、目标维度和工具维度探讨不同国家的学校体育治理体系、政策目标及政策工具，能够发现不同国家学校体育治理体系、政策目标及政策工具的发展及运行特征，可为新时代我国学校体育治理体系、政策目标及政策工具的优化提供经验与启示，这也是进行学校体育政策比较研究的意义和价值所在。通过对中、英、美、德、日、澳学校体育的治理体系、政策目标及政策工具的比较研究，启示部分本章主要从以下两节予以阐释。

第一节　完善治理体系是学校体育发展的筑基工程

长期以来，我国学校体育一直存在“说起来重要，做起来次要，忙起来不要”的严重问题。这一问题为什么会长期存在？长期存在的根本原因是什么？长期以来，学校体育在学生、教师、校长及各级地方政府评价中存在缺位，导致了学校体育一直存在“说起来重要，做起来次要，忙起来不要”的异化问题。学校体育长期以来在学生、教师、校长及各级地方政府评价中严重缺位，造成学生不认真、教师校长不愿抓和政府不关心的不良循环局面，进而使学校体育陷入了资源紧张与发展受困的窘境。这个严重问题不解决，推动新时代我国学校体育治理体系的现代化就会面临困难。从中、英、美、德、日、澳学校体育治理体系的比较发现，英、美、德、日、澳形成了校内外一体化和协同化的学校体育治理体系，但随着我国各项社会事业的深化改革，原来校内外一体化的治理体系被打破，形成了以校内学校体育治理为主、校外学校体育由市场主导的局面。

因此，新时代要实现学校体育治理体系和治理能力的现代化，必须抓紧深化学校体育综合改革，而新时代学校体育综合改革的难点在于优化和完善治理体系。加快完善我国学校体育的治理体系，不仅是新时代深化学校体育综合改革的要求，而且是落实《中共中央关于全面深化改革若干重大问题的决定》提出的“全面深化改革的总目标是完善和发展中国特色社会主义制度，推进国家治理体系和治理能力现代化”的必然要求，更是推进习近平总书记2019 年 10 月 31 日在党的十九届四中全会第二次全体会议上的讲话中提出的“坚持和完善中国特色社会主义制度、推进国家治理体系和治理能力现代化，是关系党和国家事业兴旺发达、国家长治久安、人民幸福安康的重大问题”在新时代完善学校体育治理体系实践中的行动逻辑。基于此，在对中、英、美、德、日、澳的学校体育治理体系进行比较、借鉴及反思后，认为新时代深化学校体育综合改革的关键是完善学校体育治理体系和横向协同的新能力，这是新时代实现学校体育治理体系和治理能力现代化的筑基工程，也是新时代学校体育综合改革的重中之重。只有加快完善学校体育治理体系，才能解决我国学校体育长期存在的严重问题，进而彰显学校体育治理的效能，以促进青少年体魄强健。

从党的十八届三中全会提出推进国家治理体系和治理能力现代化以来，党中央、国务院高度重视学校体育和青少年体魄强健，加快对学校体育进行综合改革、战略部署与顶层设计，先后颁布实施了一系列高级别、重量级的学校体育政策文件。新时代深化学校体育综合改革和完善学校体育治理体系不是重新构建另外一套学校体育治理体系，而是在党中央、国务院已擘画的改革方向、发展目标及治理体系基础上进一步找出学校体育治理的短板和寻求解决治理之道，以细化和完善的思路促进新时代学校体育治理体系的优化。为此，加快推进学校体育评价体系、资源要素体系及法治监督体系建设，是新时代完善学校体育治理体系的三大任务。

一、推进学校体育融入教育、党委及政府评价体系

新时代，党中央、国务院从立德树人、青少年体魄强健、健康中国及中华民族伟大复兴的中国梦等战略高度对学校体育发展方向进行擘画，赋予了新时代学校体育发展的新使命。要完成党中央、国务院赋予新时代学校体育的新使命，必须依据中央全面深化改革委员会第十三次会议审议通过的《关于深化体教融合 促进青少年健康发展的意见》，中共中央、国务院印发的《深化新时代教育评价改革总体方案》以及中共中央办公厅、国务院办公厅印发的《关于全面加强和改进新时代学校体育工作的意见》等文件要求，加快推进学校体育融入教育、各级党委和政府的评价体系中，抓紧党中央、国务院新时代对学校体育融入教育、各级党委和政府评价体系的"指挥棒"，用好学校体育融入教育、各级党委和政府评价体系的"指挥棒"，进而发挥学校体育对教育、各级党委和政府评价体系的"指挥棒效应"，并加快决策与奖励机制、管理与运行机制、服务与保障机制、监测与评价机制的建立及良性运行①，才能真正推动学校体育工作不仅说起来重要，而且做起来更重要，形成学校体育齐抓共管的良性运行新局面。

新时代，要用好学校体育融入教育的"指挥棒"，首先是将体育课、大课间、课外体育活动、体质健康测试、体育经费、体育师资等关键量化指标列入校长年度考核指标、述职报告内容和干部考核指标，并将学校体育关键量化指标考核作为校长评优评先、晋级提拔的前置性条件，实施年度学校体育考核不合格校长提拔一票否决制度，首次不合格给予校长公开行政警告，第二次不合格给予行政记过，第三次直接免职处理。其次是在新时代体教融合的国家"指挥棒"下，加快研究推进学校体育进入学生升学的必考科目，并

① 曲鲁平. 我国青少年体质健康促进模型构建与运动干预研究［M］. 北京：人民体育出版社，2021：44-46.

明确占分比例、录取规则等，除身体特殊情况外，严格实施学生升学、评优中体质测试不达标和体育课考试不及格者不录取、不评优的举措。用好学校体育融入各级党委和政府及组成部门日常工作的"指挥棒"，首先是将学校体育工作列入各级组织部门对干部评先评优、考核及提拔的指标，对各级党委和政府领导的考核由上级组织部门负责实施。加快将学校体育工作列入各级党委和政府及组成部门的述职报告、年度考核、评先评优、晋升提拔的前置性条件，实施各级党委和政府及组成部门学校体育工作年度考核不合格者评先评优、干部晋升提拔一票否决制度，且首次不合格给予行政警告，第二次不合格给予行政记过，第三次不合格直接免职处理，并将处理结果放入干部人事档案。其次是各级党委和政府要严格按照党中央、国务院新时代对学校体育工作的战略部署和明确要求，将学校体育列入各级党委和政府的一把手工程，各级党委和政府要对管辖范围内的学校体育工作进行真抓实干，要求党委和政府一把手每年至少调研一次学校体育工作，半年至少研究一次学校体育工作，推动学校体育工作进入各级党委和政府工作计划、工作任务及会议议程，并形成会议纪要和解决方案，形成各级党委和政府及组成部门真抓实干、齐抓共管学校体育的新局面。只有使学校体育成为与学生、校长、各级党委和政府切身相关的利益，才会推动学生、校长、各级党委和政府及组成部门真正重视学校体育和开展学校体育。这正是马克思所言的"人们奋斗所争取的一切，都同他们的利益有关"的最好诠释。

二、构建学校体育匹配的资源要素新体系

长期以来，认识上不足、实践上脱节、法治监督不够是我国学校体育政策执行和治理过程中时常陷入困境的根本原因，也是学校体育发展所需的各种资源要素时常不足甚至缺失的关键所在。人们在学校体育认识上的不足体现在两个方面：一是各级党委、政府及校长对党中央、国务院要求学校体育立德树人和全面贯彻素质教育的认识不足；二是各级党委、政府及校长在长期教育管理实践中认为搞好教育就是抓升学率和提高学生学业成绩，这严重影响了学校体育的发展与促进青少年体魄强健。而认识的高度决定着实践的

深度、广度和效度①，对学校体育认识上的不足，导致学校体育治理过程中各种资源挪用甚至缺位的情况普遍存在。学校体育在实践上脱节表现为学校体育与生活脱节、与社会脱节、与升学脱节、与校长脱节、与地方各级党委和政府脱节及与法治监督脱节，这些脱节延缓甚至阻碍了各种资源要素向学校体育发展所需资源的集聚与整合，严重影响了学校体育治理效能的发挥。学校体育治理的法治上监督不够主要表现为法律规范不够、法律保障不够以及法律制裁不够，严重影响了学校体育所需资源的法律保障及合理配置，致使学校体育违法成本极低，甚至违法也不用承担任何不利性的后果。基于此，尽快扭转认识上不足、实践上脱节、法治上监督不够造成的以往学校体育治理效能不高的局面，并着力构建新时代与学校体育治理相匹配的人、财、物及信息资源要素新体系，是实现新时代学校体育治理体系和治理能力现代化的关键举措。

从学校体育治理“人”的要素来看，新时代学校体育治理的目的是培养体魄强健与德智体美劳全面发展的社会主义建设者和接班人，也就是担当了“为党育人，为国育才”的使命。要实现新时代学校体育“为党育人，为国育才”的使命，这个实现过程需要“人”，也须臾离不开“人”的要素，包括能够担当作为和积极落实党的教育方针的“管理人”（各级党委和政府及其组成部门的管理者、教育管理者等），热爱教育、关心学生全面发展的“体育人”（体育教师、班主任及其他教师等），热心奉献、积极参与志愿服务的“社会人”以及热爱体育、积极运动的“学生人”。由此可见，“管理人”“体育人”“社会人”及“学生人”是新时代学校体育走向良性治理“人”的要素的关键因素，决定了新时代学校体育治理效能的发挥。因此，新时代必须充分关心人（学生）、重视人（学生、教师）、用好人（管理者）及引导人（志愿者）积极参与到学校体育治理的过程中来，以形成新时代学校体育治理“人”的要素的必备要件。

从学校体育治理“财”的要素来看，主要是指推动学校体育事业发展所需要的各种经费的统筹安排及使用。经费投入与统筹安排是开展学校体育的

①徐小洲，江增煜．高等教育治理体系现代化建设的战略构想［J］．中国高教研究，2020（9）：27-31.

保障，学校体育经费不足严重影响了我国学校体育事业的良性发展。有学者研究认为，我国城市学校体育经费总体投入水平偏低，各类学校体育经费投入为183～4132元，人均体育经费为0.77～6.4元，学校体育经费不到学校教育经费的2%①。城市的学校体育经费尚捉襟见肘，农村的学校体育经费投入则不难推断会更少。有研究发现，体育经费的投入量与学校体育各项工作的产出量成正比，体育经费短缺对学校体育各项工作均有广泛深刻的影响②。由此可见，新时代要推动学校体育治理体系和治理能力的现代化，必须解决长期困扰我国学校体育事业发展的“财”的因素，尽快增加学校体育事业中央和地方的经费统筹、专项拨款额度，鼓励学校自筹，完善社会各界对学校体育事业定向捐款的税收优惠办法，以解决新时代学校体育治理过程中经费不足的问题。

从学校体育治理“物”的要素来看，主要是指推动学校体育事业发展所需要的体育器材、体育场地、体育场馆等体育设施，是完成学校体育任务、达成学校体育工作目标的物质基础，也是学校体育的重要组成部分，直接影响着学校体育工作的发展，没有这些物质基础，学校体育工作也就难以顺利进行③。中央7号文明确要求加强学校体育设施建设。各级政府要认真落实《公共文化体育设施条例》，统筹协调、因地制宜，加强学校体育设施特别是体育场地建设。2020年10月15日，中共中央办公厅、国务院办公厅印发《关于全面加强和改进新时代学校体育工作的意见》，明确提出要全面改善办学条件，改善场地器材建设配备，建好满足课程教学和实践活动需求的场地设施、专用教室，并把农村学校体育设施建设纳入地方义务教育均衡发展规划，配好体育教学所需器材设备，建立体育器材补充机制。另外，由教育部制订并报国家质量监督检验检疫总局、国家标准化管理委员会审批颁布的《中小学体育器材和场地》国家标准（标准编号：GB/T 19851—2005），从体育器材外形、规格、型号到质量、环保等方面都作出了详细的规定，教育部办公厅也专门发文要求全国的中小学贯彻执行《中小学体育器材和场地》国

①姚蕾．中国城市学校体育教育现状与思考［J］．体育科学，2004（12）：68-73.

②鲍明晓．略论体育经费对安徽省中学体育的影响［J］．体育科学，1993（4）：18-19.

③张继顺，姚蕾．学校体育物质环境的初步研究［J］．体育文化导刊，2002（4）：76-77.

家标准。但长期以来，各级各类中小学在升学“指挥棒”的效应下，对学校体育场地、体育器材投入欠账较多，学校体育场地和体育器材能够完全达到国家标准的中小学仍不多见。因此，新时代要按照党中央、国务院对学校体育场地器材建设的指示和部署，加快完善和解决学校体育“物”的要素紧缺的难题。只有尽快解决学校体育“物”的要素紧缺的难题，才能为新时代学校体育的顺利开展提供物质环境和支持条件。

从学校体育治理“信息”要素来看，主要是指人们能够有效利用信息技术的更新来促进学校体育发展的变革。随着信息技术的日新月异，它正在改变着传统教育的传播方式及传播形态，它的每一次进步都推动了体育教学内容与方式的变革①。早在 2000 年，教育部就专门颁发了《关于在中小学普及信息技术教育的通知》，明确要求从 2001 年开始，用 5～10 年的时间在中小学普及信息技术教育，以信息化带动教育的现代化，努力实现我国基础教育跨越式的发展②。在信息时代，面向中小学生普及信息技术，以信息化带动教育的现代化，当然包括中小学的体育教学信息化，以体育教学的信息化带动体育教育的现代化。事实上，我国的体育教学在信息技术的日新月异中发生着变化，尤其是在新冠疫情冲击下的体育教学环境和资源发生了变化，体育教学环境从“运动场地”转变为“运动空间”，体育教学资源由“静态”转变为“动态”，这些变化既为以往的体育教学带来了挑战和冲击，也为体育教学提出了新的要求，并在信息技术支持下让学校体育教学走向便捷、丰富且个性化的探索与实践，为学校体育教学提供了技术支持③。有研究认为，学校体育信息技术的应用也存在体育教学工作信息技术的传统性、体育训练工作信息技术的单一性和体质监测工作信息技术的潜力性等问题④。也有人认为，要实现体育教学过程的最优化，必须让信息技术与传统教学方式互补，并依据不同的教学目标设计出不同的现代信息技术教材和课件，以达到优化教学

①廖萍．信息技术时代下体育教学变革的传播学审视［D］．武汉：华中师范大学，2015：1-2.

②教育部．教育部关于在中小学普及信息技术教育的通知［EB/OL］．（2000-11-14）［2020-11-03］．http://www.moe.gov.cn-/s78/A06/jcys_left/zc_jyzb/201001/t20100128_82088.html.

③同①.

④董亮．信息技术在学校体育工作中的应用：诊断与完善［J］．沈阳体育学院学报，2018，37（2）：115-122.

效果的目的[①]。可见，将信息技术与体育教学整合并应用到学校体育中，构建信息化的体育教学和学习环境，有助于实现更高的教学目标和提高教学质量[②]。因此，新时代加快推动“信息”要素全面融入学校体育治理的全过程，既是信息时代学校体育发展语境与教学对象的新要求，也是新时代学校体育从“运动场地”转变为“运动空间”以及体育教学资源由“静态”转变为“动态”的新使命，只有加快实现我国学校体育的信息化，才能实现我国学校体育治理体系和治理能力的现代化。

三、形成学校体育治理的法制新体系

党的十八届四中全会通过了《中共中央关于全面推进依法治国若干重大问题的决定》，该决定是新时代党中央对全面推进依法治国所作出的战略部署，并提出了要形成完备的法律规范体系和严密的法治监督体系的社会主义法治国家的总目标。新时代，推动学校体育发展和实现学校体育治理效能的提升，既需要完备的学校体育法律规范，也需要严密的学校体育法治监督。从完备的法律规范体系看，它是新时代学校体育治理体系和治理能力现代化的基础。没有完备的学校体育法律规范体系，学校体育治理就陷入无法可依、违法不究的局面，进而严重制约学校体育事业的良性运行。因此，在党中央、国务院新时代关于学校体育立德树人和全面贯彻素质教育方针的引领下，要加快推进新时代学校体育的法律规范体系建设，发挥学校体育法治的保障引领作用，确保学校体育在法治轨道上推进和深化改革，以形成新时代学校体育治理的有法可依、违法必究的新局面新体系。新时代学校体育法律规范完备的主要表现是将《学校体育工作条例》由部门规章上升为国家法律，只有将《学校体育工作条例》由部门规章上升为国家法律，并以法律的形式确认学校体育治理的各种资源配置及法律责任，才能真正推动学校体育治理实现有法可依、违法必究，让侵害学校体育事业的各种违法现象无处可藏，进而

①胡恒，张峻楠．运用现代信息技术优化学校体育教学过程的研究［J］．武汉体育学院学报，2005（9）：116-118.

②司锐，李朝福．现代信息技术与学校体育教学整合策略研究［J］．中国成人教育，2010（16）：128-129.

实现学校体育事业的良性运行。因此，学校体育法律规范体系是基础和保障，但学校体育只有法律规范没有法律监督，仍然会让学校体育治理陷入“说起来重要，做起来次要，忙起来不要”的窘境。可见，新时代学校体育的法律监督不可或缺。从完备的法律监督体系看，要在党的统一领导下，形成集中监督、纪律监督、社会监督、法律监督以及各级人大质询监督相配合的多种学校体育法制监督的新路径、新方式，加快推动我国学校体育法律监督的规范化、程序化、制度化及实效化的有机结合，充分发挥学校体育治理的各种监督形式和监督合力，实现新时代学校体育法制监督的新路径、新体系，为新时代学校体育治理体系和治理能力的现代化提供法治保障。

第二节　政策目标、政策工具是有效抓手和关键举措

一、政策目标多元化是凝聚共识和形成合力齐抓共管的有效抓手

长期以来，“健康第一”在党的报告、政府工作报告、教育政策、健康促进政策及学校体育政策等各种文件中被反复表达和确认，这就形成了“健康第一”是我国学校体育政策的唯一目标的刻板印象，不仅教育领域这么认为，社会各界也这么认为。事实上，政策目标体现了价值判断，这种价值判断蕴含了国家或政府对社会、政治、经济等生活的预期及干预措施，要达到的状态（即政策目标应该是什么），关键取决于社会以及社会成员的价值判断①。这种由政策目标形成的价值判断蕴含了政策导向，具有丰富的内涵，体现了公共性议题的发展愿景向具体行动转化的预期及诉求，是公共性的社会议题生成后人们寻求解决问题的着眼点和根本点。在公共事务的治理过程中，从社会议题生成到政策目标的达成，并由政策目标达成再到政策工具建构，进而由政策工具推动了社会议题的解决。这个过程是问题、目标、工具到结果的社会事务发展与解决之道，四者之间相互联系、相辅相成。

①陈振明．公共政策学［M］．北京：中国人民大学出版社，2010：120-121.

学校体育政策目标应该是推动学校体育最优价值的不断实现，而在推动学校体育最优价值实现的过程中，则离不开人们对学校体育政策的价值判断与目标追求①，它体现了学校体育的发展愿景向具体行动转化的预期及诉求，蕴含了党和政府及人们对学校体育治理的预期及导向。在公共政策的话语体系中，任何个案性的教育问题都不再被理解为个体层面的孤立问题，已经逐渐被建构为一个更广泛的社会性和公共性的议题②，而从个案变为公共议题后，它就超越了个案本身的局部范畴和环境，代表了公众对潜在价值的不安③。由此可见，学校体育从公众认知、政策议题上升为党和政府的政策目标，不仅是被理解为学校体育范围和其政策领域的议题，它已经超越了学校体育和学校体育政策的单一领域，也被建构为一个广泛的社会性和公共性的政策议题，形成了社会性和公共性的政策预期及政策目标。从中、英、美、德、日、澳学校体育政策目标的比较结果看，英、美、德、日、澳学校体育治理的政策目标多元化，已将学校体育治理从单一领域的单一目标上升为社会性、公共性及多领域的政策预期及政策目标，并将其融入教育改革、青少年成长、社会发展、社会生活、健康促进、社区建设、文化活动及体育发展等多个领域的政策当中，形成了学校体育政策目标多领域融合、齐抓共管、协同治理及共同促进的局面。基于此，在战略目标“健康第一”保持不变的基础上，结合新时代我国经济、社会、文化及青少年体质健康的实际情况，可以考虑借鉴英、美、德、日、澳学校体育治理过程中的政策行动目标多元化的有益经验，将我国学校体育政策的行动目标从抓好体育课程和课外体育活动，向“培养爱好”“形成习惯”“享受乐趣”“增强体质”“健全人格”“锤炼意志”转变，以形成新时代学校体育治理政策行动目标的二十四字方针，并将这二十四字方针融入新时代健康促进、社会发展、社会治理、教育改革、素质教育、文化生活、社会生活等多个政策领域，促进全社会凝聚共识和形成合力，以齐抓共管推动新时代学校体育治理的行动目标走向社会、

①张文鹏．中国学校体育政策的发展与改革研究［D］．武汉：华中师范大学，2015：115-116.

②陈霜叶，柯政．从个人困扰到公共教育议题：在真实世界中理解中小学生课业负担［J］．全球教育展望，2012，41（12）：15-23.

③赖特·米尔斯．社会学的想像力［M］．陈强，张永强，译．北京：生活·读书·新知三联书店，2001：6-7.

走向生活，才能实现新时代学校体育政策的落地生根与有效执行，进而彰显学校体育治理的效能与溢出效应。

二、政策工具丰富化是实现新时代学校体育治理效能的关键举措

政策工具是实现特定政策目标的一系列机制、手段、方法与技术，它是政策目标与政策结果之间的纽带和桥梁①，也是顺利实现政策目标的主要手段和基本保证②，即政策工具是为实现政策目标服务的③。政策工具构建的合理与否，直接关乎着政策目标能否达成与社会问题解决程度的高低④。可见，政策工具在政策实施过程中具有不可或缺的作用。从中、英、美、德、日、澳学校体育治理的政策工具比较来看，英、美、德、日、澳的学校体育政策形成了以法律、标准、计划、监督考核、绩效评价等强制性工具为主，混合性和自愿性工具为补充的丰富的学校体育政策工具箱及完整的学校体育政策工具体系，这些学校体育政策工具有效地促进了学校体育的发展，实现了学校体育治理效能的提升。相较而言，我国学校体育治理长期存在着学校体育政策工具箱较为单一和学校体育政策工具体系不够完善的问题。为实现新时代学校体育治理体系和治理能力的现代化，在中、英、美、德、日、澳学校体育政策比较与经验借鉴的基础上，需要坚持学校体育治理的问题导向，并在问题导向的视域下沿着学校体育治理体系优化—学校体育政策目标多元化—学校体育政策工具丰富化的政策分析框架，进一步提出了新时代学校体育政策工具丰富化的方法及路径，它是新时代学校体育治理体系和治理能力现代化的根本保障，也是实现新时代学校体育治理效能提升的关键举措。基于此，提出了新时代我国学校体育政策工具丰富化的主要方法及路径。

---

①吕志奎．公共政策工具的选择：政策执行研究的新视角［J］．太平洋学报，2006（5）：7-16.

②顾建光．公共政策工具研究的意义、基础与层面［J］．公共管理学报，2006（4）：58-61.

③耿旭，喻君瑶．政策工具一定会服务于政策目标吗：基于 23 份省级主体功能区政策文本的分析［J］．甘肃行政学院学报，2018（6）：39-47.

④豪利特，拉米什．公共政策研究［M］．北京：生活·读书·新知三联书店，2006：141-143.

（一）加强学校体育强制性政策工具的供给

尽管我国学校体育强制性政策工具的形式多样，但仍然存在学校体育政策的法律工具位阶低、计划意见工具靠动员、提供工具范围小以及监督工具单一的问题，这严重制约了我国学校体育政策效能的发挥，容易导致学校体育政策“执行难”和“难执行”。尤其是长期以来我国围绕学校体育政策形成了以“意见”为主导的强制性工具表达惯例，致使学校体育在我国的各种文件中的“政治地位”很高，但却在实际执行过程中囿于“意见”工具的动员机制及模式，陷入了事实上的学校体育“说起来重要，做起来次要，忙起来不要”的窘境。

为什么学校体育在实践中无论何时何处何人都认为“说起来重要”呢？关键是不同时期、不同阶段，党中央、国务院都针对学校体育工作进行了重要部署，并将其列为党的教育方针和全面实施素质教育的重要手段，担当了培养社会主义建设者和接班人的重要责任，它在党和政府的各种最高文件中的表达清楚、定位明确、地位重要，并明确要求各级党委和政府贯彻落实。因此，说学校体育不重要违反了党和国家的教育方针，在政治上明显不正确，要承担责任，这是学校体育“说起来重要”的关键所在。既然学校体育如此重要，那么为什么学校体育又“做起来次要，忙起来不要”呢？关键是我国学校体育政策的法律工具不健全。法律是调整人们各种关系和行为规范的准则，它在各种政策工具中的强制力最强，对各种违法行为具有显著的刚性约束力，能够有效指引、评价、规范及教育人们遵守法律。然而，目前为止，事关我国学校体育领域的关系与行为规范调整仍然散落于教育法、体育法等部分条款之中，这些条款对学校体育而言，既缺乏操作性，也缺乏执行力，致使学校体育领域各种关系和行为规范难以有效调整，进而影响了学校体育治理效能的发挥，时常让学校体育陷于执行难和难执行的困境，这就是人们常说的“做起来次要，忙起来不要”的现象和问题长期存在的根本原因。

另外，监督工具不足也是我国学校体育“做起来次要，忙起来不要”的原因之一。新时代，还应加快政府购买服务、加强管理、财政转移支付等直接提供工具的供给，以形成新时代学校体育形式多样、层次分明的政策工具供给体系。

（二）加快学校体育混合性政策工具的更新

在混合性政策工具中，我国学校体育政策较常见的是信息发布、信息公开、教育学习、舆论宣传、鼓励号召及呼吁等，而对学校体育发展起重要作用的补贴型政策工具则较为少见，尤其是赠款、税收优惠、利率优惠及契约型工具的运用更为罕见。公共体育设施供给路径和供给能力不足严重制约了我国体育事业的发展，应积极拓展财政投入制度、体育捐赠制度、税收优惠制度、政府购买体育公共服务制度以及体育设施社会化开放制度的多元路径，并完善制度保障体系①，才能实现我国包括学校体育在内的体育事业的良性运行。长期以来，国家利用税收优惠、利率优惠促进学校体育事业发展的引导力偏弱，未能对学校体育事业发展构建出多种优惠方式组合运用的全面、系统及稳定的税收和利率优惠支持政策②，影响了企业和社会资金进入中小学公益性的体育场馆、体育设施及体育器材建设的积极性，不利于各种资源、资金向学校体育领域集聚及投入。因此，新时代加快研究落实企业、社会资金对中小学体育公益性投资的税收和利率优惠举措，能够弥补因财政经费不足对学校体育场地、器材及场馆投入的不足，是解决学校体育“物”“财”两种资源长期短缺的有效方法之一。

从英、美等国家学校体育政策的契约型工具来看，政府通过对学校体育部分事宜的服务外包和公私合作，积极地调动了社会各种资源向学校体育领域的集聚，有效地弥补了政府在学校体育治理过程中的不足，促进了学校体育的顺利开展，是新时代值得我国学校体育政策借鉴的政策工具形式。如英国的社区体育活动，美国的体质健康测评、体育课程标准及体育师资等都以服务外包方式委托给社会组织实施。新时代，加快研究学校体育混合性政策工具的更新及合理使用，并尽快落实到相关学校体育政策的修订和制定之中，不仅能够弥补以往学校体育治理过程中政府管理的不足，也能够调动各种资源向学校体育领域集聚，还能让政府、社会、相关组织及学校形成进一步推

①汪全胜，黄兰松．论公共体育设施的供给及制度保障［J］．武汉体育学院学报，2015，49（9）：5-11.

②王晓艳．促进体育事业与产业发展税收政策的优化［J］．税务研究，2013（8）：82-84.

动学校体育事业发展的新合力。

(三) 推进学校体育自愿性政策工具的补充

2013 年 11 月 12 日,《中共中央关于全面深化改革若干重大问题的决定》正式通过,这是新时代全面深化改革的纲领性文件,标志着我国的社会主义改革开放进入新阶段。新时代,中国特色社会主义进入了新的历史发展方位,各项社会事业的改革也步入攻坚克难的深水区,改革的总目标是完善和发展中国特色社会主义制度,促进国家治理体系和治理能力现代化①。与此同时,我国学校体育的改革进入了深水区,发展也进入了新的历史方位。新时代学校体育改革的总目标是实现学校体育治理体系和治理能力的现代化,改革的使命是"为党育人,为国育才",改革的动力是立德树人和促进青少年体魄强健。新时代,要实现我国学校体育改革的总目标和历史使命,必须以改革动力推动学校体育政策工具的供给侧结构性改革,抓好各种类型学校体育政策工具的管理与使用,丰富学校体育政策工具的各种供给类型,增强学校体育政策工具供给类型的活力与灵活性,并在学校体育政策工具的供给和需求中达成动态的平衡,以发挥学校体育政策工具在学校体育治理中的效能。

从英、美、德、日、澳学校体育政策工具类型及实践来看,自愿性政策工具是提升学校体育治理效能、促进青少年参与体育活动以及调动学校、社区、家庭等利益相关者积极性的重要补充,具有不可或缺的作用。在以往我国的学校体育治理过程中,尽管学校体育治理主要依靠强制性政策工具和混合性政策工具来推动,学校体育自愿性政策工具运用的较少,但随着我国学校体育局部改革的逐步完成,以后我国的学校体育改革逐渐迈向深水区,其改革的难度和深度前所未有,需要不断丰富学校体育改革与治理的政策工具箱,优化学校体育政策工具供给的类型。新时代进一步推进学校体育改革涉及的不仅是学校体育政策领域的问题,更是教育综合改革甚至是党建、政府、社会、文化等领域的综合治理改革的问题。基于此,在《深化新时代教育评价改革总体方案》《关于全面加强和改进新时代学校体育工作的意见》等政策

①张占斌. 新时代中国特色社会主义改革理论体系的十个维度[EB/OL]. (2018-11-20)[2020-11-06]. http://theory. people. com. cn/n1/2018/1120/c40531-30410535. html.

的战略部署下，加快推进学校体育自愿性政策工具的补充，尤其是从法律层面完善体育志愿者、自愿性服务及自愿性体育组织的遴选、服务、考核、评价、资助及优惠举措，并规范体育志愿者、自愿性服务及自愿性组织的权利与义务，是新时代实现学校体育治理体系和治理能力现代化的有益路径。

第六章
CHAPTER 06

新时代推动学校体育治理现代化的路径

党的二十大报告明确提出要“加强青少年体育工作”，以促进青少年体魄强健。事实上，长期以来，我国青少年体质健康的某些指标持续下滑的局面并未根本扭转。这既与以往我国各级政府对青少年体育健康促进的关注度不高相关，也与以往我国学校体育政策的执行手段单一化、偏离化和逐级弱化有关。新时代要推动学校体育治理现代化，必须加快建立我国学校体育的政策网络与政策工具，这是推动新时代学校体育治理现代化的主要路径，具有重要的理论与实践意义。

第一节　新时代推动学校体育治理现代化的政策网络优化

党的十八大以来，以习近平同志为核心的党中央高度重视科学决策、民主决策，积极推进着国家治理体系和治理能力现代化。2013 年 11 月党的十八届三中全会提出“推进国家治理体系和治理能力现代化”是全面深化改革的总目标，2015 年 10 月党的十八届五中全会提出要“加强和创新社会治理，推进社会治理精细化，构建全民共建共享的社会治理格局”，2017 年 10 月党的十九大报告提出“打造共建共治共享的社会治理格局”，2019 年 10 月党的十九届四中全会提出要“构建系统完备、科学规范、运行有效的制度体系，加强系统治理、依法治理、综合治理、源头治理”，2022 年 10 月党的二十大报告则强调要“健全共建共治共享的社会治理制度，提升社会治理效能”，这一系列重要论述无不体现着我国社会治理理念的与时俱进和不断升华，同时也为新时代推动中国体育治理现代化提供了重要的思想引领和行动指南。毋庸置疑，学校体育治理作为我国体育治理、社会治理的重要组成部分，推进其治理现代化既是新时代明确学校体育的历史之责和使命担当、深化体育领域治理现代化改革的现实表达，也是百年未有之大变局背景下推动学校体育事业发展改革、促进体育强国和教育强国建设的应有之义。然而，通过前文对中、英、美、德、日、澳六国学校体育治理体系的分析与比较可以发现，我国学校体育治理推进实践中存在着治理主体参与积极性不高、校外体育供给主体单一、校内外治理主体联动不足等诸多现实问题和治理困境，而国外发达国家则已形成了较为完整的治理体系和治理机制（如英国“合作化”政策网络的多方协同治理、美国“平行式”的府际协同治理、日本校内外体育活动的“校社联动”治理等），这在一定程度上也为我国学校体育实现治理体系和治理能力现代化提供了有益的经验借鉴和实践启示。除此以外，也有许多学者从相关视角对我国“新时代如何推动学校体育治理现代化”进行了一些学理阐述。如，许弘等学者认为当前我国学校体育治理体系和治理能力现代化发展过程中面临着“学校体育治理执行体系有待完善”“各级政府、部门之间的‘权责利’有待捋顺和规范”“激励约束机制不健全、问责制度不完善”等诸多问题①，李冲等学者认为实施部门间的低效沟通与信息壁垒等阻碍是影响学校体育治理现代化的重要原因②，徐上斐等学者认为新时代学校体育治理现代化面临着“科层制管理无法满足学校体育改革诉求”“多元共治失位阻碍学校体育发展”等现实困境③。由此可见，“如何有效协调学校体育发展和改革过程中牵涉的各方治理主体及其彼此间的利益关系，形成运行有效、健康发展的学校体育治理网络结构”仍是当前我国学校体育实现治理体系和治理能力现代化急需关注的重点和难点。在国家战略规划需要和资源分配不均的现实情景下，如何协调各社会利益行动者的互动关系来塑造相对稳定、持续

---

①许弘，马丽．新时代学校体育治理体系和治理能力现代化研究［J］．体育学研究，2020，34（3）：47-52.

②李冲，史曙生．我国青少年体质健康治理现代化：基本逻辑、现实审思与未来展望［J］．上海体育学院学报，2022，46（6）：21-30.

③徐上斐，胡海建，王强．新时代学校体育治理现代化的应然特征、现实困境与路径选择［J］．沈阳体育学院学报，2022，41（5）：42-48.

的关系网络并对资源进行重新整合，是处理涉及复杂的政治、经济、技术和资源相互依赖的政策问题的重要途径。从政策科学看，公共政策是由多元政策行动者进行反复政策互动的结果①，并非单一主体或权威中心的产物。从公共治理看，政策网络则是一种区别于政府与社会，又与两者产生交集的第三种治理模式，且这一治理模式主要是建立在非正式的协调基础上，通过动员和利用分布在各公共部门和私营部门的政治资源，有效弥补政府与市场的资源短板和解决“政府失灵”“市场失灵”等问题，强调的是国家与公民社会之间的合作与共治②。对此，罗兹（Rhodes）与马什（Marsh）曾表示，政策网络存在于政策过程之中，会对政策结果产生影响，且不同的政策网络结构会产生不同的政策结果③。由此可见，政策网络是将网络理论引入公共政策领域，用于分析政策过程中政策行动者互动关系的一种全新的政策分析途径和治理工具，而行动者、网络关系及网络结构这三方面则构成了政策网络的三大基本要素。基于此，以政策网络理论为基础，试图从行动者、网络关系与网络结构三方面对我国学校体育治理体系的政策网络运行提出优化建议，这对于新时代促进学校体育政策的落地生根、推动学校体育治理体系和治理能力现代化等方面具有重要的现实意义。

一、明晰网络行动者的职能定位是新时代推动学校体育治理现代化的基本前提

政策网络由多元治理主体组成，且各治理主体拥有各自的目标和利益，而各治理主体间的利益表达则又会影响相关公共政策的实施成效。因此，从政策网络的视角看，要探寻“新时代推动学校体育治理现代化”的现实路径，则有必要先从“明确政策过程中各治理主体的组成及其利益表达”这一起点开始。根据罗兹的政策网络分类标准（表1），将我国学校体育治理推进实践中的各治理主体分为政策社群、专业网络、府际网络、生产者网络、议题网

①张体委．资源、权力与政策网络结构：权力视角下的理论阐释［J］．公共管理与政策评论，2019，8（1）：78-88.

②Castells M. Toward a sociology of the network society［J］. Contemporary sociology，2000，29（5）：693-699.

③杨代福．政策工具选择研究：基于理性与政策网络的视角［M］．北京：中国社会科学出版社，2016：139.

络5种类型①。

表1 罗兹的政策网络分析模型

网络行动者类型	网络行动者特征
政策社群 (Policy community)	成员关系稳定、垂直的相互依赖关系、 高度限制的成员资格、有限的水平整合
专业网络 (Professional network)	成员关系稳定、垂直的相互依赖关系、 高度限制的成员资格、有限的水平整合、 服务于专业人士的利益
府际网络 (Intergovernmental network)	有限的成员资格、有限的垂直依赖关系、 广泛的水平整合
生产者网络 (Producer network)	流动的成员资格、有限的垂直依赖关系、 服务于生产者的利益
议题网络 (Issue network)	成员关系众多而不稳定、有限的垂直 相互依赖关系

(一) 政策社群：权威领导，顶层设计

政策社群是指有权参与某项政策的制定和执行过程的团体或个人。在整个学校体育治理体系运行中，政策社群的行动者包括中共中央、国务院及其下属教育部、国家体育总局、国家发展和改革委员会、国家卫生健康委员会、财政部等诸多中央部门，主要负责《中华人民共和国体育法》《中华人民共和国教育法》等行政法规和有关国家学校体育工作改革和事业发展的指导方针、发展目标与总体部署等顶层设计，以及学校体育治理工作的组织实施等。再者，依据我国行政体制的特点，政策社群在整个学校体育治理体系中始终处于核心领导地位，从宏观层面引导着学校体育治理体系的运行轨迹，而其所制定颁布的学校体育政策则更是其他网络成员行动的主要依据。例如，中华人民共和国第十届全国人民代表大会常务委员会第二十二次会议于2006年6月29日修订通过的《中华人民共和国教育法》、2009年8月修正的《中华人

①罗兹 RAW. 理解治理：政策网络、治理、反思与问责 [M]. 丁煌，丁方达，译. 北京：中国人民大学出版社，2020：33.

民共和国体育法》等相关政策文件中对体育与教育行政部门、体育协会、学生、学校以及教师等治理主体所享有的权益与义务作出了明确的说明。2014年3月，教育部颁布的《关于全面深化课程改革落实立德树人根本任务的意见》中提出了“地方各级教育行政部门要建立健全中小学教学指导专业组织”“学校要建立健全中小学家长委员会制度”等多项条目。2017年3月，国务院修订的《学校体育工作条例》中提到学校体育工作要在教育行政部门领导下，由学校组织实施，并接受体育行政部门的指导。2021年7月，中共中央办公厅、国务院办公厅印发的《关于进一步减轻义务教育阶段学生作业负担和校外培训负担的意见》（以下简称“双减”政策）则对地方政府、学校、学生、家长以及校外培训机构等相关利益主体在义务教育阶段减轻学生作业负担与校外培训负担方面作出了明确要求。诸如此类中央政策文件不仅为各网络行动者参与学校体育治理体系运行提供了必要的法律保障，也为我国学校体育治理体系运行轨迹、学校体育工作改革和事业发展等方面指明了治理方向。因此，新时代要推动学校体育治理现代化，必须充分认识和发挥政策社群行动者在整个学校体育治理体系运行和学校体育工作改革中的“权威领导”“顶层设计”等显性作用。

（二）专业网络：决策“军师”，辅助治理

专业网络是指以专业人士或团体为核心的网络，相关体育领域的专家学者、高校、智库、专业协会等专业人员和组织是我国学校体育治理体系运行中专业网络的主要行动者，他们或是通过向其余网络行动者在政策制定、政策执行、政策评估等环节提供专业知识或技术的帮助，或是参与重大政治会议、学校体育工作研讨会、座谈会等方式直接参与政策议程、行使建议权，再或是与其余网络行动者进行合作，以实现自身的政策过程参与，从而保障学校体育政策的落地生根，促进学校体育治理体系的良性运行。另外，在学校体育治理体系运行中，专业网络行动者基于对政策问题的深入了解，时常还会充当政府部门的“政策解说员”，以便生产者网络、议题网络等网络行动者能够更好地理解党和国家的深层含意，保障党和国家颁布的学校体育政策能够落到实处和生根发芽，从而促进学生体质健康水平的有效提升。例如，

2022年5月汪晓赞教授在《首都体育学院学报》上发表的《〈义务教育体育与健康课程标准（2022年版）〉的课程内容结构与特色》一文中便从设计思路、内涵与价值、特色3个方面对新课程标准的课程内容进行了较为全面和深入的解析，这一文章不仅为全体学校体育工作者正确和全面理解课程标准提供了重要的理论参考，也为处于一线的学校体育工作者在体育与健康教学等方面明确了工作方向。又如，2022年6月刘波等学者于《体育科学》发表的《新时代修订〈学校体育工作条例〉的背景、依据和路径研究》，该文章对《学校体育工作条例》修订的背景和依据进行了充分的调查和深入研究，对修订工作应重点关注的内容进行了分析和讨论，并就具体条文提出了有针对性的建议，为《学校体育工作条例》的修改工作进入正式修法程序提供了学理上的参考。由此可见，具有一定发言权与建议权的专业网络行动者能够利用自身具备的专业知识与背景，在一定程度上为政策社群、府际网络、生产者网络和议题网络搭建了沟通与协作的桥梁，在政策过程中起到了关键性的辅助作用。因此，充分认识专业网络作为“决策”军师的这一角色地位，对完善学校体育治理体系、促进学校体育治理现代化和相关学校体育政策的落地生根等方面有着重要的现实意义。

（三）府际网络：传递督导，治理保障

府际网络是以地方政府为代表性组织所构成的网络，其网络行动者包括省、市、县、乡四级地方政府及其下属相关职能部门，主要负责学校体育政策的传递、执行与监管。在学校体育治理体系运行过程中，府际网络扮演着重要的角色，其网络成员利益与政策社群始终保持一致，并服从政策社群的领导（即地方政府服从中央政府指令）。而参与学校体育工作改革与政策实践的地方政府机关在遵循我国政府层级机制的基础上，还会对专业网络、生产者网络和议题网络等其余网络施加强弱不一的行政影响，是保障学校体育政策落地生根的重要角色。例如，在“双减”政策颁布后，各地积极响应党和国家号召，四川省教育厅公布了《关于推广落实“双减”工作典型案例的通知》以供各地各校学习借鉴，其中四川省绵阳市高新区构建了“1+3+3”模式的课后服务体系，广安市武胜县创造性地实施了“实时监管”模式，并建

立了“属地管理，包校到人”监管机制，成都市青羊区开展了“书包不回家”行动，提出了“提高课堂效率”“提高作业效能”“提高课后服务质量”“提高家校共育水平”“提高学生自主整理能力”的五个“提高”方案，切实做到“让家长放心”①。因此，府际网络作为学校体育治理体系得以良性运行、学校体育政策得以“由宏入微”“变抽象为具体”、形成“央地联动”效应的重要治理主体，充分发挥其“传递督导”“执行保障”等治理能力是新时代推动学校体育治理现代化的重要因素。

（四）生产者网络：终端治理，间接受益

生产者网络是以生产者为核心角色的网络，主要由涉及学校体育相关工作的企业、培训机构、营利性社会组织等以经济利益为主导的市场力量构成。从政策系统的视角看，“市场组织往往具有比政府和社会组织更高效的执行力”②，生产者网络行动者既是学校体育政策得以落地生根的直接执行者，也是学校体育治理体系运行中的间接受益者。例如，为响应《全民健身条例》《全民健身计划（2011—2015 年）》等中央政策的号召，浙江省慈溪市政府创新式打造了“慈溪模式”，于 2013 年便开始调整当地的学校体育场馆对外开放模式，由原先的学校自主型逐渐向委托管理型转变，由体育运营公司负责当地的 18 所公立学校的体育场馆运营管理工作③，而也正是通过委托第三方的企业化运作、程序化管理，使学校体育场馆开放进入有序化管理轨道，解决了当地的学校体育场馆开放管理难题。国家体育总局于 2016 年 9 月印发的《青少年体育“十三五”规划》中提到要“推动政府购买青少年体育公共服务”，教育部等四部门于 2019 年 5 月发布的《关于加快推进全国青少年冰雪运动进校园的指导意见》中明确提出要“鼓励有条件的地方通过政府购买服务等方式，引导现有冰场、雪场积极开展青少年公益活动”，2021 年 9 月国

①四川省人民政府．四川省教育厅公布落实“双减”工作十大典型案例［EB/OL］．（2021-10-26）［2023-04-25］．https://www.sc.gov.cn/10462/10464/10465/10574/2021/10/26/795c362875eb446f82925386c0646b10.shtml.

②马德浩．从割裂走向融合——论我国学校、社区、家庭体育的协同治理［J］．中国体育科技，2020，56（3）：46-54.

③方东胜，陆亨伯，章昱涵，等．学校体育场馆开放的“慈溪模式”研究［J］．体育文化导刊，2014（7）：114-117.

家体育总局为贯彻落实“双减”政策，促进课外体育培训行业健康有序发展，专门发布了《体育总局办公厅关于做好课外体育培训行业服务监管工作的通知》，其中明确提出要“配合市场监管等部门加强对课外体育培训预付费和招生行为的监管”。诸如此类有关“加大政府公共服务购买力度”“推进市场监管制度建设”等内容的政策文件，不仅为生产者网络行动者实现自身发展和寻求利益回报提供了可谋之策，也为学校体育治理现代化进程中建构“政府、市场与社会三位一体”的协同式治理模型提供了政策依据。鉴于此，单靠政府或学校的一己之力并不能契合学校体育工作的改革和发展需要，必须积极引导和组织生产者网络行动者的参与，这对于当前破解我国学校体育发展问题和治理困境、促进学校体育治理体系有效运行等方面有着重要的现实意义。

（五）议题网络：舆论影响，有限参与

议题网络是指个人或组织参与某项政策议题讨论、受到某项议题影响而临时组成的网络，包括以学生、学校、社会大众、非营利社会组织、新闻媒体等为主的社会力量，主要通过学校体育政策及其相关改革工作的宣传、执行、监督和建议等方式参与整个学校体育治理体系的运行。当学生、学校、社会大众、非营利社会组织、新闻媒体等多种类型的社会主体参与治理过程时，便会组成议题网络，但囿于议题网络开放式的网络结构，其内部成员还呈现出数量多、连接松散、关系不稳定的状态，这也使得议题网络行动者在学校体育治理过程中常呈现出“凝聚力不足”“话语权有限”的参与状态。然而，在某一利益冲突或社会问题爆发的情境下，出于对自身利益的考虑，议题网络行动者会通过互联网、新闻媒体等平台将松散的力量集聚在一起，形成舆论压力，从而对政策结果产生意想不到的“变数”。例如，近年来对中小学生体质健康水平下降、体测不达标等问题的报道屡见不鲜，多次引发了社会公众对国家学校体育工作管理、学校体育教学质量等议题的网络舆论浪潮，而这同时也引起了政府对“提高中小学学生身体素质刻不容缓”这一政策议题的关注①。对此，周恩毅等学者认为，网络民意具有政策议程功能，网

①吴光芸，杨锦安．政策网络理论视角下我国青少年体质健康政策执行困境及其破解路径［J］．体育学刊，2020，27（2）：85-89.

络舆论不能决定政府如何思考问题，却可以引导政府关注哪些社会问题[①]，即引导政府注意力的关注点。由此可见，议题网络作为整个学校体育治理体系中参与者最多、最广泛的网络，即使无法直接左右政策社群、府际网络等网络行动者的最终决策结果，但其仍能通过网络舆论等方式向政策社群、府际网络等网络行动者提出政策诉求或抗议，从而间接地影响政策结果，进而影响新时代学校体育治理现代化的发展进程。因此，对于议题网络行动者在学校体育治理过程中的“舆论影响”“有限参与”等方面必须予以重视。

二、协调好网络行动者的治理关系是新时代推动学校体育治理现代化的关键一环

政策网络是以围绕政策领域中某一特定的政策问题所聚集的各个多元利益行动者之间相互影响、相互作用而形成的关系模式[②]。从学校体育治理来看，尹志华认为从个体、家庭、社会、国家等层面重新审视学校体育治理的价值性，对重新定位学校体育参与国家危机治理的站位具有重要的现实意义[③]；张文鹏等学者认为在县域层面学校体育的内部治理过程中，校领导、体育教师、家长和学生群体三者之间处于一个相互监督、相互制约的制衡关系点上，而如何正确对待与辨析三方治理主体间“非正式关系或正式关系”的利益博弈、表达场域及治理冲突等问题，对提升新时代县域学校体育的内部治理效能具有重要的价值[④]；徐上斐等学者则认为政府、学校、社会等治理主体的参与意愿和程度都不尽相同，多元共治失位或缺位是阻碍学校体育发展和治理现代化的重要原因之一。因此，有必要进一步协调好网络行动者的治理关系，这对于新时代推动学校体育治理现代化是不可或缺的关键一环。

①周恩毅，胡金荣．网络公民参与：政策网络理论的分析框架［J］．中国行政管理，2014（11）：100-103.

②张体委．资源、权力与政策网络结构：权力视角下的理论阐释［J］．公共管理与政策评论，2019，8（1）：78-88.

③尹志华．学校体育应成为国家危机治理的利器［J］．体育学研究，2020，34（5）：95.

④张文鹏，李经展，赵子建．县域学校体育内部治理的演化博弈［J］．上海体育学院学报，2022，46（7）：56-63.

（一）明晰权责界限，提升政策社群与府际网络及其网络内部的互动质量

罗兹认为，组织中拥有大量资源的成员在价值观、利益表达及其所拥有的信息一致的情况下，容易形成“强结构”，而这一结构的最大特点在于“关系稳定、长期固定的成员对有关政策议题的事务进行频繁、高质量的互动”，彼此间资源相互依赖且权责清晰①。当“强结构”中的成员对政策产生认同感时，便能极大地促进政策执行的过程，削减成本。再者，政府能否有效运转，能否顺利地履行其管理行政事务的职能，在很大程度上取决于权责的配置是否合理②。然而，在学校体育治理的推进实践中，政策社群行动者与府际网络行动者在权责分配上却存在着较多的分歧，如《学校体育工作条例》第22条提出：“地方各级人民政府在安排年度学校教育经费时，应当安排一定数额的体育经费，以保证学校体育工作的开展。”诸如“一定数额”此类带有不确定性意味的用词，容易导致上下级在政策理解和执行方面出现偏差，甚至引发央地间不必要的矛盾③。因此，新时代要推动学校体育治理现代化，应当进一步明晰央地间的权责界限，提升政策社群与府际网络间的互动质量，以促进政策网络“强结构”的形成。一方面，囿于政策社群与府际网络之间“职责同构”的权责分配机制，容易阻碍府际网络内部进行横向的协调与整合，故应当整合冗余的政府部门及其重叠的职能分工，适度放权给各级地方政府，并重新分配各职能部门间的权责内容，进一步建构政策社群与府际网络行动者在学校体育治理过程中的责任分摊机制，以减少因权责不清导致的职能运行低效，以及在政策制定与执行环节上出现“分工不清”“多头管理”的现象。另一方面，应构建地方政府权责清单制度，优化府际网络内部权责配置。以省为单位，根据地域特点和实际情况由省政府领导制定统一的标准化权责清单，细化政府上下级、职能部门之间的权责，以进一步明晰交叉职

---

①宋雄伟．政策执行网络：一种研究政策执行问题的理论探索［J］．国家行政学院学报，2014（3）：66-70.

②中共中央马克思恩格斯列尼斯大林著作编译局．马克思恩格斯全集：第1卷［M］．北京：人民出版社，1995：187.

③吴光芸，杨锦安．政策网络理论视角下我国青少年体质健康政策执行困境及其破解路径［J］．体育学刊，2020，27（2）：85-89.

责的责任主体，并组建动态化“权责”管理部门，将政府工作流程可视化，以及时调整、规范、完善权责清单。同时，还要构建政府内部问责机制，加强效能监管，以预防屡治不愈的“懒政怠政”等问题。

（二）注重利益表达，加强府际网络、生产者网络与议题网络间的合作关系

马克思曾言：“人们为之奋斗的一切，都同他们的利益有关。”在学校体育治理过程中，不同网络行动者的利益诉求和维权行为也为学校体育传统治理方式带来了巨大挑战，现代化的治理推进急需多样化的平台来促进多元网络行动者的利益表达。而相比于政策社群，府际网络与生产者网络、议题网络间的接触更为密切，三者共同承担着学校体育治理与政策执行的重要任务。因此，关切府际网络、生产者网络与议题网络行动者的利益诉求，进一步加强三方网络的合作关系不但必要，而且是新时代推动学校体育治理现代化的重要内容。一方面，应拓宽府际网络、生产者网络与议题网络间的合作平台，加强完善网络协商渠道。作为话语权主导者的府际网络，应充分利用网络新媒体等数字平台传播速度快和覆盖面广的优势，以畅通网络行动者的信息反馈渠道，及时汲取各网络治理行动者的合理诉求，减少执行信息不对称等状况，从而提升议题网络、生产者网络等弱势群体的话语权力度。另一方面，应规范府际网络、生产者网络与议题网络间的合作程序，健全多元主体参与治理的管理机制。合作程序规范化是实现府际网络、生产者网络与议题网络间合作关系稳健发展的重要保障，可针对某一类“合作”具体事务设置一套较为全面的、特定的合作流程和操作手续，如合作议题的事先确定、合作主体的选拔、合作交流的会议流程、达成共识的办法与标准以及结果的落实与反馈等诸多方面。同时，还应建立起相对完整和完善的绩效考核标准和岗位评定机制，对于达成相应指标且合作效果优越的企业单位或个体，政府应给予荣誉和褒奖，甚至可以抛出与之长期合作的“橄榄枝”；对于指标不合格、合作不顺畅的企业单位或个体，则应给予一定的问责和惩罚，并定期向社会公示，接受各方治理主体的监督。

（三）建立监督机制，强化专业网络、生产者网络与议题网络主体协同治理

监督是一种制约，也是一种对权力滥用的制衡，而建立监督机制则是规范治理行为和促进治理体系有序运行的重要保障。对此，李乐虎等学者的研究指出，参与监督评估的第三方组织较少、发育缓慢、管理失范等问题是当前影响学校体育实现有效治理的重要因素①。张文鹏等学者的研究指出，学校体育协同治理过程中存在着“共谋”“串通”等现象，急需构建有效的监督反馈体系，以提升学校体育内部的治理效能②。因此，新时代要推进学校体育治理现代化，有必要从顶层设计出发建立常态化的监督制度，以强化专业网络、生产者网络与议题网络多方主体的协同治理。首先，要充分发挥政策社群、府际网络等权力主体的宏观引导作用。从中央层面制定与学校体育治理体系建设和政策执行监督有关的导向性政策文件和标准，然后由地方层面根据国家顶层设计的初始文件，细分体育与健康课程政策实施配套方案的研制、执行、评估和反馈等环节（如学校、社区等地方体育资源使用手册、教师职工绩效工资制度和职称评定标准等），分类、分环节地设立专门的督导小组，大力发展民办的专业评估单位，鼓励兼具教育、体育综合性的监督评估机构承办与学校体育监督评估相关的业务，进而推进常态化监督制度的构建。其次，要充分发挥专业网络行动者的监管、引导作用，引进第三方组织参与学校体育治理、监督和评估，提升生产者网络与议题网络行动者的参与意愿，从而强化专业网络、生产者网络与议题网络三方主体协同治理。一方面，要针对专业网络行动者从制度层面上加快深化构建学校体育政策服务和评估专家库，委任专家对“学校体育政策文本制定是否科学”“执行是否合理”等方面进行评估。另一方面，要开设独立、合理、新型的地方政府与地方企业单位、社会公众之间的互动平台，以切实表达政府希望民众参与监管的意愿并充分汲取多方民意。通过网络媒介将多方参与者享有的知情、参与、表达

---

①李乐虎，高奎亭，舒宗礼．第三方组织参与我国学校体育监督评估：现状、困境与对策［J］．北京体育大学学报，2021，44（9）：45-55.

②张文鹏，李经展，赵子建．县域学校体育内部治理的演化博弈［J］．上海体育学院学报，2022，46（7）：56-63.

和监督等权利进一步开发出来，并完善检举激励机制，通过有奖举报等方式激发企业、社会公众、新闻工作者的参与热情。同时，还应鼓励民众积极组建社会组织并由政府授权，使之成为地方政府、企业与民众之间双向沟通的桥梁。这不仅能够引导公众有序、有效地参与监管，还能够让政府与企业进一步了解民众的政策需要，及时查漏补缺。

三、建构有效的网络治理结构是新时代推动学校体育治理现代化的核心保障

从政策网络结构看，随着基层治理主体逐渐多元化、治理环境逐渐复杂化，由多级网络主体所构成的学校体育治理网络结构也逐渐向“扁平化”发展，其特点主要呈现出以下两点。一是以政策社群为主导的学校体育政策制定体系呈现出局部平等化的发展趋势。政策社群行动者通过组建多部门议事小组等方式来协调部门之间的权力关系，从而能够就某一学校体育治理问题制定出更具有针对性、科学性的执行策略，推动政策网络结构的扁平化发展。例如，教育部于2015年牵头成立了全国青少年校园足球工作领导小组，是政策制定体系局部平等化的典型案例。二是政策社群行动者的权力逐渐下移，府际网络行动者的管理重心下沉。从政策社群层面看，长期以来，我国学校体育治理系统始终处于自上而下的科层制管理体系，为调整科层制网络行动者之间的资源依赖格局，权力高度集中的政策社群行动者选择将权力逐渐下移。这不仅改善了科层制管理体系的权力资源分配不均问题，同时也从整体上推动了政策网络结构向“扁平化”发展，促进了学校体育治理体系的有效运行。从府际网络层面看，以地方政府为主的府际网络行动者将管理重心逐渐下移至社会组织、体育协会等非官方机构。这不仅促使以府际网络为领导、生产者网络与议题网络为主体的学校体育基层治理体系的网络边界逐渐向外扩散，同时也促进了三方网络之间的资源与信息共享，大幅提升了学校体育政策的治理效能。鉴于此，推进学校体育治理网络“扁平化”发展是构建运行有效的网络治理结构的基本方向和未来趋势，而如何持续推进和维持学校体育治理网络的“扁平化”发展则是新时代推进学校体育治理现代化急需考虑的难点和重点。基于此，提出以下几点策略。

（一）强化政策环境保障，推进政策制定程序规范化

政策制定是由决策者行使公共权力对社会资源与社会利益进行权威性分配的过程①，由政策议程、方案设计与方案合法化等多项工程组成。前文表明，我国学校体育政策在内容设计上还存在表述模糊、目标不明确等现象，而这也是学校体育政策制定体系运行中存在“多头管理”“权责不清”的重要原因之一。因此，有必要强化政策制定程序的规范性，以保障学校体育政策的执行有效性，推动学校体育治理现代化。首先，要构建政策制定监管体系，对决策者行为和制定过程实施监管，以确保政策的合法性与政策制定程序的正常进行。其次，要完善相关执行措施的配套政策保障，推进学校体育政策的法律化，做到每一项政策、每一项措施都能“有章可循”“有法可依”，以保障政策执行的强制性与有序性。最后，要健全政策动态化评估机制，多重考虑政策文本在多维度的发展力度，并根据评估结果进一步完善实施细则，以避免学校体育政策内容的表述模糊与重复累赘。

（二）坚持制度顶层设计，完善基层协同式治理机制

学校体育治理体系和治理能力是学校体育制度设计和制度执行力的集中体现，应以解决学校体育发展中的不平衡、不充分为出发点，做好学校体育制度层面的顶层设计②。另外，随着进入中国特色社会主义新时代，学校体育改革逐渐步入攻坚期、深水区，面临的问题也越发具有跨界性、跨域性，而多领域、多主体、多系统协同，改变传统政策管理思维，方为破解之道③。因此，必须坚持制度顶层设计，推进治理重心下沉基层，完善基层协同治理机制，从而持续推进学校体育治理网络的“扁平化”发展。一方面，要在顶层设计上加大“放管服”力度，提高地方基层自主权。首先，要精细化试点工程实施的选择、审核、考核与评估标准，将试点工程落实到各地方学校、社区等基层单位，以持续深化地方试点工程改革，推动治理重心下沉。其次，

---

①宋林霖，柳雪莲．我国公共政策制定的时间成本管理探析［J］．中国行政管理，2010（9）：47-50.

②徐上斐，胡海建，王强．新时代学校体育治理现代化的应然特征、现实困境与路径选择［J］．沈阳体育学院学报，2022，41（5）：42-48.

③杨桦．中国体育治理体系和治理能力现代化的概念体系［J］．北京体育大学学报，2015，38（8）：1-6.

要倡导网络化治理思维，以地方政府为主导，引领企业单位、学校、社会公众、新闻媒体形成自下而上的反馈机制与治理体系，激发地方基层的自主性和能动性。最后，要通过构建现代化治理体系，使人力、物力、财力及各种资源的支配与调用下沉到地方学校和基层，使不同地域、不同发展水平的基层治理主体网络能根据自身发展需要灵活调配资源，以破除单一主体政策资源受限的问题。另一方面，可结合地方经验和域外“他山之石”，以优化基层协同治理结构。例如，四川省“双减”政策落实过程中涌现出的“‘书包不回家’行动”“‘实时监管’模式”“‘1+3+3’课后服务模式”等新举措、新典型，“依靠群众就地化解矛盾”的“枫桥经验”和“市民健身、企业运作、政府买单”的“慈溪模式”等诸多多方协同参与的基层治理经验，以及英国“合作化”政策网络的多方协同治理、美国“平行式”的府际协同治理、日本校内外体育活动的“校社联动”治理等诸多域外“他山之石”，均在一定程度上为推进学校体育政策的落地生根、学校体育治理现代化发展提供了丰富的经验与参考。因此，要优化基层协同治理结构，可根据地区实际情况有效结合地方经验和借鉴域外“他山之石”。

第二节　新时代推动学校体育治理现代化的政策工具的优化

2019 年，党的第十九届中央委员会第四次全体会议通过的《中共中央关于坚持和完善中国特色社会主义制度　推进国家治理体系和治理能力现代化若干重大问题的决定》提出：“强化提高人民健康水平的制度保障。……聚焦增强人民体质，健全促进全民健身制度性举措。”① 习近平总书记在听取中共中央政治局报告后提出了“坚持和完善中国特色社会主义制度、推进国家治理体系和治理能力现代化，是关系党和国家事业兴旺发达、国家长治久安、人民幸福安康的重大问题”② 的重要论断和思想，为新形势下健康中国战略目

①中共中央关于坚持和完善中国特色社会主义制度　推进国家治理体系和治理能力现代化若干重大问题的决定［N］. 人民日报，2019-11-06（1）.

②习近平．坚持和完善中国特色社会主义制度推进国家治理体系和治理能力现代化［EB/OL］.（2020-01-01）［2023-04-29］. http://www.gov.cn/xinwen/2020-01/01/content_5465721.htm.

标建设、教育治理现代化作出了明确部署。2021 年，党的第十九届中央委员会第六次全体会议通过的《中共中央关于党的百年奋斗重大成就和历史经验的决议》（以下简称《决议》）中提出“明确全面深化改革总目标是完善和发展中国特色社会主义制度、推进国家治理体系和治理能力现代化”①，明确要求“全面贯彻党的教育方针，优先发展教育事业，明确教育的根本任务是立德树人，培养德智体美劳全面发展的社会主义建设者和接班人，深化教育教学改革创新……”，这充分体现出党和国家对新时代教育治理现代化的长远规划和高瞻远瞩，将新时代教育事业发展推向了新的高度。

学校体育作为我国教育治理现代化建设不可或缺的重要组成部分，是落实立德树人筑基工程、为党育人和为国育人的基本保障，也是助力健康中国、教育强国、体育强国等战略目标实现的重要力量，更是国家治理体系和治理能力现代化在体育领域的集中体现。为此，新时代学校体育治理应紧紧围绕“国家治理体系和治理能力现代化”“健康中国、教育强国、体育强国”等党和国家的重大部署，深入推动学校体育深化改革，实现新时代学校体育治理现代化建设，进而彰显学校体育助力国家治理体系和治理能力现代化建设，以及健康中国、体育强国等战略目标的正当性价值。从这个意义上来讲，要实现新时代学校体育治理现代化，需要党和政府及时制定适应国家战略需要的政策文件，而政策工具作为新时代学校体育治理现代化建设重要手段的主要表现形式，应在新时代学校体育治理现代化配套政策制定的过程中得到进一步的优化和完善，以使其更加适应国家治理体系和治理能力现代化建设进程中的新要求和新任务。

一、新时代学校体育治理现代化的强制性政策工具的优化

新时代，为适应新形势下学校体育治理现代化在立德树人筑基工程、为党育人和为国育人，以及促进学生体魄强健、身心健康、全面发展等多方面所发挥的保证性作用，由中华人民共和国第十三届全国人民代表大会常务委员会第三十五次会议修订通过的《中华人民共和国体育法》（以下简称《体

①中共中央关于党的百年奋斗重大成就和历史经验的决议［N］. 人民日报，2021-11-17（1）.

育法》总则中明确要求，“国家优先发展青少年和学校体育，坚持体育和教育融合，文化学习和体育锻炼协调，体魄与人格并重，促进青少年全面发展”，充分彰显了学校体育在国民体育中的基础地位和青少年体育中的根基地位，以及在体育强国建设中的支撑性作用①。同时，《体育法》还进一步提出了“教育行政部门和学校应当将体育纳入学生综合素质评价范围，将达到国家学生体质健康标准要求作为教育教学考核的重要内容，培养学生体育锻炼习惯，提升学生体育素养”“学校必须按照国家有关规定开齐开足体育课，确保体育课时不被占用”的规制性措施，为新时代学校体育治理现代化提供了法律保障。但由于新增的事关学校体育的法律条款缺乏硬约束，该条款实质意义上属于“软法”的软保障，缺乏“硬法”的硬实力法律责任条款来约束其违反学校体育义务的行为和人的法律责任。2022 年，教育部在《义务教育课程方案（2022 年版）》明确提出了“体育与健康课时占义务教育总课时的 10%～11%”② 的规制性措施，体育与健康课时仅次于语文和数学，体育与健康课程成为“第三主科”。《义务教育体育与健康课程标准（2022 年版）》［以下简称《课程标准（2022 年版）》］在第六部分课程实施中提出了评价建议的要求（学习评价、学业水平考试、综合评定）③，以有效反映学生核心素养发展水平及体育与健康课程学习情况。由此可见，党和政府及时更新了部分学校体育强制性政策工具，以适应新时代国家发展和学校体育事业新发展、新变化的需要。

（一）修订“不合时宜”的规制性工具

新发展阶段，党和政府及时修订并颁布了《体育法》《全民健身计划（2021—2025 年）》《课程标准（2022 年版）》等法律、计划、标准，并在《体育法》等法律、条例中提出了新任务新要求，以使学校体育发展更加契合

①王健，崔耀民，刘玉财．加快建设体育强国的战略选择：优先发展学校体育［J］．天津体育学院学报，2023，38（1）：1-8.

②中华人民共和国教育部．义务教育课程方案（2022 年版）［M］．北京：北京师范大学出版社，2022：6-10.

③中华人民共和国教育部．义务教育体育与健康课程标准（2022 年版）［M］．北京：北京师范大学出版社，2022：125-128.

新时代党和国家作出的战略部署。但这也这表明当前学校体育发展还面临立法滞后、规制性政策匮乏等问题。例如，教育部于2016年印发的《小学体育器材设施配备标准》《初中体育器材设施配备标准》已不适应《课程标准（2022年版）》中提出的积极开展水上或冰雪类运动、新兴体育类运动（生存探险类项目、时尚运动类项目）① 等新任务新要求；国家体育总局、教育部在《关于深化体教融合　促进青少年健康发展的意见》（体发〔2020〕1号，以下简称体发1号文）中提出“健全学校体育相关法律体系，修订《学校体育工作条例》”，但时至今日政府仍然未颁布新的《学校体育工作条例》。由此可见，保证学校体育良性运转的部分条例、标准还未得到及时修订、完善，这既不利于有关条例、标准适应新时代学校体育治理现代化建设需要，也不利于学校体育治理效能的进一步彰显。此外，学校体育法律、法规、条例、标准等在执行过程中还存在执法体制不健全、行政执法追责难②、执行者法律意识差、执法意识淡薄、有法不依、违法不究等现实困境③。面对新时代学校体育治理现代化建设进程中存在的现实挑战，需要及时优化学校体育顶层设计中的规制性政策工具，以使其契合国家治理体系和治理能力现代化建设需要。

首先，应及时对《学校体育工作条例》（2017年修订）、《小学体育器材设施配备标准》《初中体育器材设施配备标准》等“不合时宜”的规制性政策工具文件进行修订，以使有关条例、标准等规制性工具更加适应新时代学校体育治理现代化建设的新需要，进而逐步完善学校体育法律、法规建设体系。其次，需要及时制定与法律、法规、条例、标准等规制性工具相适应的配套政策。一是法律、法规等政策通常具有普遍适用性，其在实施过程中缺乏具体性、操作性，这也就要求需要制定相应的配套政策，以使其更具针对性、可操作性。二是法律法规等静态属性的政策文件具有明显的滞后性，尤其是在信息时代，修订之后既不能在短期内再次调整、修订，又不能跟上日

①中华人民共和国教育部．义务教育体育与健康课程标准（2022年版）［M］．北京：北京师范大学出版社，2022：62-100.

②姜世波．改革开放40年我国体育法治建设的回顾与展望［J］．北京体育大学学报，2019，42（1）：87-97.

③张朋，朱梅新．教育公平视阈下我国学校体育立法思考［J］．体育文化导刊，2017（6）：6-11.

新月异的时代变化。这就要求党和政府需要及时制定相应的配套政策，使法律、法规更加适应时代变化。

（二）明晰监督性工具的执行主体

长期以来，在《学生体质健康监测评价办法》《中小学校体育工作评估办法》《国务院办公厅关于强化学校体育促进学生身心健康全面发展的意见》（国办发〔2016〕27号，以下简称国办发27号文）等政策文件的高位推动下，我国学校体育形成了“中央—省—市—县”的4级督导组织、“政府—教育—体育”的3部门实施主体①，保障了我国学校体育工作的顺利进行。但这种4级督导组织和3部门实施主体也赋予了执行者在学校体育工作中“既是执行者也是监督者”② 的双重角色，学校体育的监督、督导、评价工作处于体制内的“内部监督、内部督导、内部评价”，为“被迫造假、应付监督”“通知式监督”“上有政策、下有对策”式监督留下了“隐患”，这也致使学生体质测试数据成了“造假重灾区”③。究其原因，在很大程度上是由于我国学校体育政策中的监督性工具并未明确执行主体，缺乏清晰的、具体的执行对策。例如，国务院办公厅在国办发27号文中提出要“加强评价监测，促进学校体育健康发展”，但并未明确表明监测的执行主体和具体措施。另外，我国学校体育监督过程缺乏以体育监测机构、第三方等社会力量为常态化的外部监督，这在一定程度上不利于发挥社会力量的监督作用。为此，在新时代学校体育治理现代化建设进程中，学校体育顶层设计需要进一步明晰监督性工具的执行主体，以进一步发挥学校体育筑基工程、为党育人和为国育人的正当性价值。

第一，应明晰学校体育监督性政策工具在监督、督导、考核评价等方面的执行主体。学校体育监督工作涉及体育课开课率、场地实施与建设、学校体育工作落实情况等直接关乎学校体育治理成效的关键部分，可以考虑将监

①霍军，陈俊．学校体育督导评估实施范畴、困境及策略［J］．沈阳体育学院学报，2021，40（1）：23-30.

②陈悠，汪晓赞．学校体育政策系统特征、问题及对策［J］．体育文化导刊，2022（4）：96-102.

③胡小清，唐炎．新时期体育中考的功能审视、现存问题及消解路径［J］．北京体育大学学报，2021，44（9）：67-75.

督内容纳入地方县委、市委、省委监督体系和考核体系中，以进一步压实责任、夯实基础。学校体育考核评价可外包或委托给政府授权的第三方社会力量，减少政府、学校在考核评价中的直接行为和“弄虚作假”，从而更加客观地评价学校体育工作的开展情况、学生体质健康的发展趋势。考核评价方面涉及学生运动知识、技能等体育课程学习情况，可以由政府、学校牵头，联动家庭、社区、新闻媒体、第三方等共同评价学生体育课程学习情况，以更加全面发挥监督性工具的考核评价效能。第二，应进一步发挥社会力量的外部性监督作用。政府可以将体育课程、学生课后延时体育服务、课余体育活动、课外体育活动、学生体质健康（肥胖、近视）等常规性、例行性学校体育检查工作交由第三方等社会力量负责，以分离“政府—教育—体育”三部门实施下执行者的双重角色，进而更加客观公正地评价学校体育开展情况。

（三）加大直接提供工具投入力度

长期以来，政府为了推动学校体育政策落地执行，确保学校体育工作有序开展，始终重视直接服务、国培计划、政府购买及财政转移支付等措施对学校体育良性运转所必需的各种资源，并在政府的直接提供下取得了显著成效。但不可忽视的是，学校体育发展中也存在直接提供工具投入不足等问题，尤其是在新时代加快学校体育现代化建设进程中，这些问题突出表现在体育场地供给、体育师资培养、政府购买等方面。从体育场地供给看，教育部《2019 年全国教育事业发展统计公报》显示：小学体育运动场（馆）面积达标学校占 90.22%，体育器械配备达标学校占 95.38%；中学体育运动场（馆）面积达标学校占 93.54%，体育器械配备达标学校占 96.56%①。这与中共中央、国务院印发的《“健康中国 2030”规划纲要》提出的“到 2030 年，学校体育场地设施与器材配置达标率达到 100%”目标相比，还有一定的差距。从体育师资培养看，相关数据显示，2020 年小学体育教师缺额达到了 165500 人，初中体育师资缺额在 2020 年超过 50000 人②，不同省份和城乡体育教师

①中华人民共和国教育部．2019 年全国教育事业发展统计公报［EB/OL］．（2020-05-20）［2023-01-11］．http://www.moe.gov.cn/jyb_sjzl/sjzl_fztjgb/202005/t20200520_456751.html.

②袁圣敏，吴键．新时代义务教育阶段体育教师的数量配备现状与队伍建设路径［J］．首都体育学院学报，2022，34（4）：393-401.

资源配置不均衡等问题突出①，并突出体现在经济欠发达的中西部地区及其农村地区。同时，全国很多地区还存在体育教师结构性缺编的情况，部分学校基于升学压力超编引进语文、数学、外语等教师，导致原本属于体育教师的编制被占据②。从政府购买看，当前政府在学校体育方面购买的体育服务内容与主体单一，覆盖面仍然较小③，这既不利于加快完善学校体育设施建设、器材配备，也不利于为冰雪运动、水上运动、新兴体育类运动等进入校园提供良好的设施条件。

为了加快新时代学校体育现代化建设进程，需要进一步加大直接投入工具的运用力度。在体育场地供给方面，应在加快完善运动场地（馆）的基础上，及时配备和修建冰雪运动、水上运动、新兴体育类运动等体育运动项目开展所必需的场地设施，以使学校体育发展能跟上不同阶段学校体育政策的新要求、新任务，有效满足学生体育活动的新需求。在体育师资培养方面，应进一步重视体育师资队伍建设。可通过经济激励、职称晋升、社会荣誉、人才引进等多种措施充实体育师资队伍，确保中西部欠发达地区及其农村地区的体育教师缺额问题能够得到有效解决，以及通过国培计划、省培计划等培训措施加大体育教师专业素养发展，进而不断提高学校体育教学质量和教学效果。同时，应进一步解决体育教师结构性缺编等问题，对引进其他科目教师而占用体育教师编制的现象要进行问责和处罚，以进一步夯实体育师资队伍。在政府购买方面，应进一步加大政府购买经费和资金的投入，为有关部门购买体育俱乐部、体育组织等社会力量的体育服务、体育产品、体育设施等服务提供充足的资金，进而不断完善新时代学校体育治理现代化发展所必需的各类要素。

二、新时代学校体育治理现代化的混合性政策工具的优化

自党的十八大以来，在党和政府持续简政放权、深化体制改革背景下，

①李雪宁，禹华森，高子璇，等．“十四五”时期我国青少年体育健康促进高质量发展探析［J］．体育文化导刊，2023（3）：98-104.

②季浏，马德浩．新时代我国学校体育改革与发展［J］．体育科学，2019，39（3）：3-12.

③杨国庆，刘红建，郇昌店．新时代我国青少年体育公共服务体系建设研究［J］．北京体育大学学报，2018，41（4）：9-15.

我国社会治理体系正逐步体现出多元化的特征，服务体系逐渐完善、成熟度逐渐提高的社会组织和利益攸关者在社会治理中扮演着愈来愈重要的角色。党的二十大报告提出的“深化简政放权、放管结合、优化服务改革”要求，既为新时代学校体育混合性政策工具的运用提供了指引方向，也为政府将最终决定权留给私人部门的同时，可以不同程度地以多种形式介入非政府部门的决策过程，进而鼓励和引导社会力量参与新时代学校体育治理现代化建设。

（一）强化信息与劝诫型工具效力

长期以来，党和政府在学校体育政策中始终重视并强调运用信息与劝诫型工具（报、刊、网、端、屏）宣传学校体育促进学生体魄强健、身心健康、全面发展的内在价值，如国办发 27 号文中提出了“通过多种途径，充分利用报刊、广播、电视及网络等手段，加强学校体育工作新闻宣传力度，……传播科学的教育观、人才观和健康观，营造全社会关心、重视和支持学校体育的良好氛围”的信息与劝诫型措施，以呼吁、鼓励、号召社会各界关注学生体育活动参与。事实上，学校体育政策信息与劝诫型政策工具并未在党和政府的大力推动下，以及多介质、多形态传播矩阵建立的基础上得到有效传播，学校体育宣传工作在执行阶段往往是政府、学校单方面的行为①，社会多元主体仍然缺乏对学校体育的文化认同、社会认同及心理认同②。这也导致学生参与体育锻炼时缺乏“人人参与、天天锻炼、健康成长、终身受益”良性氛围的浸润，长此以往便导致学生参与体育锻炼的意识薄弱，难以形成长期参与体育锻炼甚至是终身参与体育锻炼的意识、习惯。正如马克思指出的“不是意识决定生活，而是生活决定意识”③ 一样，现实的体育锻炼氛围、样态改变着学生的意识，意识又反过来影响学生的实践活动。信息与劝诫型工具的效力彰显不足致使学生难以长期参与体育锻炼，而要充分发挥信息与劝诫型工

①王先茂，王健，鲁长芬，等．学校、社区、家庭体育一体化发展困局、域外经验与发展对策研究［J］．成都体育学院学报，2019，45（3）：112-118.

②李斌，王玉珠，赵发田，等．历史制度主义视角下我国学校体育政策变迁的制度逻辑及对新时代需求的回应［J］．沈阳体育学院学报，2023，42（2）：1-8.

③马克思恩格斯列宁斯大林著作中共中央编译局．马克思恩格斯选集：第 1 卷［M］．北京：人民出版社，1995：73.

具在新时代学校体育治理现代化建设中的效能，广泛传播“健康第一”教育理念，营造“人人参与、天天锻炼、健康成长、终身受益”的良性氛围，需要进一步强化信息与劝诫型工具效力。一方面，需要进一步夯实“报、刊、网、端、微、屏”等多介质、多形态传播矩阵，引导新闻媒体、社会各界广泛传播“健康第一”教育理念，增强社会各界对学校体育的文化认同、社会认同及心理认同，强化社会各界促进学生体魄强健、身心健康、全面发展的义务，并将其转化为推动政策落地的动力。另一方面，需要进一步增加学校体育工作的透明性，尤其要定期（学期、学年）向社会公开学生体质健康结果，呼吁地区各界广泛关注学生体质健康发展趋势，鼓励和号召社会各界为学生体质健康促进建言献策。

（二）创新补贴型工具运用方式

迈克尔·豪利特和 M. 拉米什认为，补贴型工具（财政奖励、税收优惠、服务外包、公私合作）在政策实施过程中更多表现为一种鼓励的行为，其目的主要是影响社会力量在采取不同行动时的预计成本、财政开支及收益①。例如，体育总局、教育部在体发 1 号文中提出的“鼓励青少年体育俱乐部发展，建立衔接有序的社会体育俱乐部竞赛、训练和培训体系，落实相关税收政策，在场地等方面提供政策支持”的税收措施，其本质就是对体育俱乐部等社会力量参与学生体育发展行为给予补贴，以减轻社会力量的财政支出负担和成本预算。由此可见，补贴型政策工具既是引导社会力量推动学校体育发展的重要手段，也是激发社会力量推动学校体育发展内驱力的有效措施。但长期以来，学校体育顶层设计中有关补贴型政策工具的政策条目相对较少，以封闭式管理为单元的中小学校体育在发展过程中更是缺乏社会力量的长期、稳定参与。而发达国家则注重发挥补贴型工具对学校体育发展的推动作用，如澳大利亚在 2010—2011 年体育外包为 80%左右，乡村学校和偏远地区学校的服务外包也分别达到了 76%和 81%，外包的内容主要集中在课外体育活动和

①豪利特，拉米什．公共政策研究：政策循环与政策子系统［M］．庞诗，等译．上海：生活·读书·新知三联书店，2006：160-161.

户外拓展活动2个方面①。因此，新时代学校体育治理现代化建设进程中，政府可以通过派遣体育团队前往发达国家考察、学习其学校体育政策中的补贴型工具运用的具体措施和有益启示，在立足本国实际情况的基础上充分运用补贴型政策工具。这既有利于发挥青少年体育俱乐部等社会力量在新时代学校体育治理现代化建设中的比较优势，也有助于社会力量不断推动其最新的体育设施、体育设备等移植到校园内，进而不断更新学校体育开展需要的各类要素。

三、新时代学校体育治理现代化的自愿性政策工具的优化

莱斯特·萨拉蒙认为，公共行动的工具或手段可以被定义为一种可辨识的方法，集体行动可通过它来解决公共问题②，其强调社会多元利益攸关者也会参与政策工具构建，尤其是以经济政策和社会政策为重要补充的自愿性政策工具的构建与优化，更离不开社会多元行动者在其中发挥的重要力量。事实上，治理主体多元化是新时代学校体育治理现代化的基本特征③，其不仅仅表现为政府、学校的积极行动，更表现为政府与非政府组织（青少年体育俱乐部、体育组织、第三方等社会力量）之间的协商、互动、沟通，并在此基础上进行的一系列正式的、非正式的合作。正如现代治理理论提出的，政府和社会力量都没有单独应对公共问题的能力和资源，但又在各个熟悉的领域拥有解决问题的比较优势④。治理主体多元化可以充分引导非政府组织参与学校体育治理现代化建设进程，充分发挥各主体在治理学校体育中的比较优势，形成协同参与学校体育治理现代化良性发展的局面，也可以在相当程度上解决“学校体育治理现代化与直接提供工具投入不足”等问题，进而为学校体

①王健，王涛，董国永，等．美国、澳大利亚学校体育外包的实践及经验启示［J］．北京体育大学学报，2015，38（10）：83-89.

②Salamon L M. The Tools of Government：A Guide to the New Governance［M］. New York：Oxford University Press，2002：19-20.

③许弘，马丽．新时代学校体育治理体系和治理能力现代化研究［J］．体育学研究，2020，34（3）：47-52.

④赵泽虎，颜世颀．从治理到善治：生态学视野中的大学治理研究［M］．苏州：苏州大学出版社，2012：8.

育治理现代化建设提供充足的资源。由此可见，多元主体协同参与学校体育治理是加快新时代学校体育治理现代化建设的题中应有之义。因此，在加快推进新时代学校体育治理现代化建设进程中的政策应进一步重视自愿性政策工具的效力和价值。

（一）及时制定家庭和社区型工具配套政策

事实上，尽管中央 7 号文、国办发 27 号文、《关于全面加强和改进新时代学校体育工作的意见》《关于进一步减轻义务教育阶段学生作业负担和校外培训负担的意见》等政策文件中均对家庭和社区型工具进行了明确的表述和采取了相应的措施，以通过家庭和社区型工具形成“家、校、社”合力，共同促进学生体魄强健、身心健康、全面发展。但由于家庭和社区型工具缺乏政府的强制性，致使其在落地执行中随意性较大，容易出现政策措施“滞留”政策文本中的现象。从家庭角度看，当孩子察觉到学校成为家庭的延伸或替代品时，教育成果会大大提高①，但当前我国大部分家长体育素养呈现出运动知识匮乏、运动技能欠缺、运动参与不足的状态，致使家长对孩子参与体育运动行为的支持度不高②。从社区角度看，社区非常适合学生在碎片化的时间内参与体育活动，可以弥补家庭单元活动空间小而导致体育活动施展不开的缺陷，在推动学生体魄强健、身心健康、全面发展等方面起着重要作用。但目前社区对学生体育活动的支持并未得到有效体现，有调查研究显示，有近 3/4 的社区活动中心建设情况不佳，约 70%的被调查者表示所在社区几乎从未举办过任何体育活动③。同时，在家庭和社区主体整体建设不足的情况下，目前我国“家、校、社”一体化建设过程还面临着“家校社共育”认知程度不足、“家校社共育”合作条件匮乏、“家校社共育”校外指导乏力④等问题。因此，在新时代学校体育治理现代化建设进程中需要进一步优化家庭和社区

①托马斯·R. 戴伊. 理解公共政策［M］. 彭勃，译. 北京：华夏出版社，2005：118.

②教育部体育卫生与艺术教育司. 第八次全国学生体质与健康调研结果发布［J］. 中国学校卫生，2021，42（9）：1281-1282.

③汪晓赞，杨燕国，孔琳，等. 新征程上我国儿童青少年体育健康促进的挑战与路径审视——基于对党的二十大精神的学习与思考［J］. 天津体育学院学报，2023，38（1）：9-16.

④李启迪，李朦，邵伟德. 我国学校体育“家校社共育”价值阐析、问题检视与实践策略［J］. 北京体育大学学报，2021，44（9）：135-144.

型工具，以形成“家、校、社”合力促进学生体魄强健、身心健康、全面发展。

首先，应以党的二十大报告提出的“健全学校家庭社会育人机制”① 为引领，以国办发 27 号文、《关于全面加强和改进新时代学校体育工作的意见》等政策文件为制度框架，进一步纾解家庭和社区型工具的困境，丰富化、具象化家庭和社区型工具的推进路径。事实上，仅以国办发 27 号文等纲领性、宏观性政策文件中“家、校、社”协同育人机制要求为指引和遵循，难以突破长期以来“家校社共育”认知程度不高、条件匮乏、校外指导乏力等现实问题。基于此，建议由教育部牵头、多部门联合参与制定与党的二十大报告精神和国家治理能力体系、治理能力现代化相适应的《新时代学校体育家校社协同育人机制建设行动计划》（以下简称《行动计划》），将家庭和社区型工具上升为专门的政策文件，为“家、校、社”协同育人机制建立提供政策支持。其次，教育部等应要求省级政府部门及时制定与《行动计划》新精神相符合的省级政策文件，如《北京市关于新时代学校体育家校社协同育人机制建设实施办法》，以进一步落实《行动计划》具体措施。最后，在《行动计划》扩散至基层过程中，应将其纳入地方街道办年度考核和社区文明创新工作中，使其与《全民健身计划（2021—2025 年）》等政策相衔接，进而从政策上实现“高位推动、中位联动、基层拉动”的“家、校、社”合力机制，以有效发挥家庭和社区型工具在落实立德树人筑基工程、为党育人和为国育人中的重要保障作用。

（二）进一步优化自愿性组织及服务型工具实施路径

国务院在《全民健身计划（2021—2025 年）》中强调，要加强全民健身人才队伍建设，弘扬全民健身志愿服务精神，开展线上、线下志愿服务，以及推出具有地方特色的全民健身志愿服务项目，以打造全民健身志愿服务品牌。这说明当前学校体育发展过程中志愿者自愿参与水平还相对不高，跟不上新时代学校体育治理现代化进程中学生对体育活动的新需求、新变化。相关研究也

①习近平．高举中国特色社会主义伟大旗帜　为全面建设社会主义现代化国家而团结奋斗［N］．2022-10-26（1）．

表明，当前我国体育志愿服务还存在社区与体育志愿服务组织缺乏联动、学校与家庭缺乏有效互动、缺少联动与保障机制①等问题，以及志愿服务的水平和质量不高、体育志愿服务人才培养不足等内在困境②。如果不采取有效手段破除当前体育志愿服务存在的一系列困境，那么这些困境就有可能转变为阻碍学校体育治理现代化建设进程的"拦路虎"。而英、美、德、日、澳等发达国家则较为注重自愿性组织及服务型工具在提升学校体育治理效能、促进学生参与体育锻炼以及调动"家、校、社"等利益主体积极性的重要作用。因此，在新时代学校体育治理现代化建设过程中要全面发挥体育志愿者服务在满足学生体育需求、提高体育活动质量等方面所起的推动作用，急需优化学校体育政策中的自愿性组织及服务型工具，以彰显其促进学校体育治理效能、促进学生体育活动参与水平的正当性价值。第一，应尽快将自愿性组织及服务型工具嵌入《体育法》《学校体育工作条例》等法律、法规修订中，以使体育志愿服务者认识到自身参与体育服务得到了法律、法规的重视。第二，应进一步完善体育志愿者服务学校体育发展机制。地方政府、学校、社区可面向不同范围（县域、市域、省域）发布体育课程、课余体育活动、课外体育活动、课余体育训练等多方面的志愿服务需求，对长期参与学校体育志愿服务且表现优异的志愿者，可以聘请其全职或兼职学校体育工作。第三，应制定体育服务激励机制，建立全国性的体育志愿服务平台以统计体育志愿者服务时长，对不同服务时长的志愿者应提供一定的经济激励、社会荣誉等，以激发体育志愿者的内驱力，进而长期投身学校体育发展中。

①万发达，孟昭雯，邱辉．新时代体育志愿服务参与体育治理的困境与消解［J］．体育学刊，2022，29（3）：67-71.

②万发达，赵元吉，邱辉．健康中国视域下我国体育志愿服务长效化发展研究［J］．体育学刊，2020，27（4）：56-60.

参考文献

中文著作部分

[1] 萨巴蒂尔. 政策变迁与学习：一种倡议联盟途径［M］. 北京：北京大学出版社，2011：5-35.

[2] 陈潭. 公共政策学原理［M］. 武汉：武汉大学出版社，2008：7-10.

[3] 陈振明. 公共政策分析导论［M］. 北京：中国人民大学出版社，2015：23-31.

[4] 韦默，瓦伊宁. 公共政策分析：理论与实践［M］. 4版. 刘伟，译. 北京：中国人民大学出版社，2013：78-100.

[5] 卡斯特，罗森茨韦克. 组织与管理：系统方法与权变方法［M］. 4版. 傅严，李柱流，等译. 北京：中国社会科学出版社，2000：56-61.

[6] 费希尔. 公共政策评估［M］. 北京：中国人民大学出版社，2003：31-38.

[7] 顾丽梅，陶东明. 政策创新与政府治理［M］. 上海：复旦大学出版社，2009：93-96.

[8] 国家教委政法司. 中华人民共和国现行教育法规汇编1990—1995［M］. 北京：人民教育出版社，1998：5-90.

[9] 国家教委计划财务局. 中国教育统计年鉴1987［M］. 北京：北京工业大学出版社，1988：11-110.

[10] 河连燮. 制度分析：理论与争议［M］. 2版. 李秀峰，柴宝勇，译. 北京：中国人民大学出版社，2014：56-90.

[11] 黄爱峰，赵进，王健. 体育教师基本技术技能标准研究［M］. 长沙：湖南师范大学出版社，2014：23-33.

[12] 奈特. 制度与社会冲突［M］. 周伟林. 译. 上海：上海人民出版社，2009：76-83.

[13] 里夫金. 零边际成本社会［M］. 北京：中信出版社，2014：37-50.

[14] 教育部法制办. 中华人民共和国教育法律法规规章汇编［M］. 上海：华东师范大学出版社，2010：3-90.

[15] 季浏，汪晓赞. 中小学体育新课程学习评价［M］. 上海：华东师范大学出版社，2007：33-50.

[16] 季浏. 基础教育新课程教师教育系列教材：小学体育新课程教学法［M］. 北京：高等教育出版社，2003：28-39.

[17] 穆林. 管理与组织行为［M］. 李丽，廖羽，闫甜，译. 北京：经济管理出版社，2011：36-51.

[18] 赖天德. 学校体育改革热点探究［M］. 北京：北京体育大学出版社，2003：11-30.

[19] 李林，周登嵩. 中国学校体育发展研究报告［M］. 北京：化学工业出版社，2013：5-41.

[20] 蒂特马斯. 社会政策十讲［M］. 吉林：吉林出版集团，2011：76-90.

[21] 梁鹤年. 政策规划与评估方法［M］. 北京：中国人民大学出版社，2009：23-33.

[22] 刘斌，王春福. 政策科学研究［M］. 北京：人民出版社，2000：56-61.

[23] 海涅曼，布卢姆. 政策分析师的世界：理性、价值观念和政治［M］. 北京：北京大学出版社，2011：39-52.

[24] 豪利特，拉米什. 公共政策研究［M］. 庞诗，译. 北京：生活·读书·新知三联书店，2006：141-143.

[25] 毛振明. 体育课程改革新论：兼论何为好的体育课［M］. 北京：教育科学出版社，2012：15-30.

[26] 毛振明. 学校课外体育改革新视野［M］. 北京：北京体育大学出版社，2005：21-29.

[27] 诺斯. 制度、制度变迁与经济绩效［M］. 北京：生活·读书·新知三联书店，1993：51-70.

[28] 潘沼伟. 学校体育学［M］. 2 版. 北京：高等教育出版社，2010：3-100.

[29] 曲宗湖，杨文轩. 课余体育新视野：现代学校体育教学丛书［M］. 北京：人民体育出版社，1999：6-97.

[30] 全球治理委员会. 我们的全球伙伴关系［M］. 牛津：牛津大学出版社，1995：9-38.

[31] 隋璐. 中国体育资源配置效率研究［M］. 北京：社会科学文献出版社，2011：7-43.

[32] 孙效良. 政策科学论纲［M］. 北京：经济科学出版社，2012：5-19.

[33] 沈承刚. 政策学［M］. 北京：北京经济学院出版社，1996：8-12.

[34] 吴锡泓. 政策学的主要理论［M］. 金荣枰，金东日，译. 上海：复旦大学出版社，2005：5-70.

[35] 王健，黄爱峰，吴旭东. 体育教师教育课程改革［M］. 北京：人民体育出版社，2006：3-87.

[36] 王华倬. 中国近现代体育课程史论［M］. 北京：高等教育出版社，2003：36-65.

[37] 王占春. 学校体育的实践与研究［M］. 北京：人民教育出版社，2009：10-61.
[38] 谢明. 政策透视——政策分析的理论与实践［M］. 北京：中国人民大学出版社，2004：11-65.
[39] 杨文轩，季浏，义务教育体育与健康课程标准修订组. 义务教育体育与健康课程标准（2011版）解读［M］. 北京：高等教育出版社，2012：3-37.
[40] 姚蕾，杨铁黎. 中小学体育教学评价的基本理论与实践［M］. 北京：北京体育大学出版社，2004：7-38.
[41] 巴达克. 政策分析八步法［M］. 3版. 谢明，肖燕，刘玮，译. 北京：中国人民大学出版社，2020：23-56.
[42] 金登. 议程、备选方案与公共政策［M］. 2版. 丁煌，方兴，译. 北京：中国人民大学出版社，2017：12-61.
[43] 麦甘恩，萨巴蒂尼. 全球智库：政策网络与治理［M］. 韩雪，王小文，译. 上海：上海交通大学出版社，2015：31-72.
[44] 张金马. 公共政策分析——概念、过程与方法［M］. 北京：人民出版社，2004：10-27.
[45] 郑传坤. 公共政策学［M］. 北京：法律出版社，2001：8-21.
[46] 张昕，李泉. 公共政策执行［M］. 北京：科学出版社，2019：23-51.

中文论文部分

[1] 陈振明，黄颖轩. 中国公共政策的话语指向及其演化——基于改革开放以来历次党代会报告的文本与话语分析［J］. 江海学刊，2018（5）：139-146.
[2] 陈世香，邹胜男. 地方政府公共文化政策执行阻滞的生成逻辑——基于制度环境三维度理论框架的分析［J］. 上海行政学院学报，2019，20（3）：25-36.
[3] 陈军. 政策评估的中外比较研究［J］. 科技管理研究，2014（2）：20-23.
[4] 陈何南. 公共政策评估标准的应用路径分析［J］. 商业时代，2014（6）：106-107.
[5] 程传银. 从中日体育教学大纲演变历程看21世纪体育课程前景［J］. 体育与科学，1996（4）：55-57.
[6] 程传银. 欧洲学校体育政策之执行力研究［J］. 南京体育学院学报（社会科学版），2017，31（6）：6-10.
[7] 程传银，董鹏. 我国学校体育发展审视：问题、机遇和路径——基于“十三五”五大发展理念视角［J］. 南京体育学院学报（社会科学版），2016，30（3）：1-6.
[8] 曹可强，刘新兰. 英国体育政策的变迁［J］. 西安体育学院学报，1998，15（1）：13-16.

[9] 崔颖波，赵广辉. 东京奥运会后的日本体育发展给我们的启示 [J]. 体育与科学，2004，25（4）：28-31.

[10] 崔颖波. 日本的国民体育政策 [J]. 沈阳体育学院学报，1992（1）：75-77.

[11] 丁煌，杨代福. 政策工具选择的视角、研究途径与模型建构 [J]. 行政论坛，2009，16（3）：21-27.

[12] 丁煌，梁满艳. 地方政府公共政策执行力测评指标设计——基于地方政府合法性的视角 [J]. 江苏行政学院学报，2014（4）：99-106.

[13] 丁煌，汪霞. 地方政府政策执行力的动力机制及其模型构建——以协同学理论为视角 [J]. 中国行政管理，2014（3）：95-99.

[14] 董翠香，朱美珍，季浏. 发达国家学校体育发展方式及其对我国的启示 [J]. 体育学刊，2012，19（4）：72-76.

[15] 董翠香，刁玉翠，党林秀，等. 英国国家中小学体育课程学习纲要解读及启示 [J]. 成都体育学院学报，2015，41（2）：16-21.

[16] 董翠香，仇小进，党林秀，等. "1-3-1" 课程管理体制下地方体育课程管理案例研究 [J]. 体育学刊，2018，25（4）：116-121.

[17] 董翠香，吕慧敏. 中国健康体育课程模式关键要点确立的理论基础和实践依据 [J]. 体育科学，2020，40（6）：24-31.

[18] 樊炳有. 体育公共服务的运行机制探讨 [J]. 体育与科学，2010，31（2）：25-32.

[19] 樊炳有，王家宏. 公共体育服务标准体系框架构建及运行模式 [J]. 体育学刊，2018，25（2）：39-44.

[20] 冯国有. 公共体育政策的利益分析与选择 [J]. 体育学刊，2007，14（7）：15-19.

[21] 冯国有. 利益博弈与公共体育政策 [J]. 体育文化导刊，2007（7）：62-63.

[22] 冯火红. 改革开放以来我国地方政府社会体育政策执行研究 [J]. 体育文化导刊，2006（11）：14-17.

[23] 冯火红. 新中国成立初期社会体育政策的特点及经验 [J]. 体育文化导刊，2006（2）：13-15.

[24] 冯火红，刘晨晞，王永顺. 公益社会体育指导员政策调整研究——建立社会体育指导员公益岗位制度 [J]. 北京体育大学学报，2012，35（7）：6-10.

[25] 冯火红，张莹. "大部制" 改革背景下区（县）体育与文化机构整合研究 [J]. 北京体育大学学报，2015，38（5）：19-23.

[26] 顾渊彦. 课程标准的法定约束力与灵活性 [J]. 中国学校体育，2009（11）：11-12.

[27] 顾渊彦. 困惑与征途：从体育课程标准谈当前体育课程改革的发展动态 [J]. 江苏教

育，2002（18）：14-15.

[28] 顾渊彦. 教学改革与课程改革［J］. 体育教学，2006（3）：12-13.

[29] 顾渊彦. 战后日本体育课程改革的历史变迁与发展新动向［J］. 全球教育展望，2001（3）：50-53.

[30] 顾渊彦，张春宝，嵇明海. 对体育课程改革中“推倒重来”和“淡化竞技运动树立健康第一”观点的质疑［J］. 体育教学，2005（1）：12-13.

[31] 顾渊彦，张春宝. 如何把新的体育《课程标准》的思想理念和目标体系转化为实际的操作方案［J］. 体育教学，2005（2）：18-20.

[32] 顾渊彦，朱卫东. 围绕体育与健康课程性质的若干思考：对新课标修订的建议［J］. 体育教学，2008（1）：38-39.

[33] 高兴武. 公共政策评估：体系与过程［J］. 中国行政管理，2008（2）：58-61.

[34] 高雪峰. 后奥运时期中国体育体制变革走向［J］. 武汉体育学院学报，2006，40（11）：2-6.

[35] 耿玉德，万志芳，李春华. 试论政策目标的确定［J］. 管理科学，1995（5）：32-34.

[36] 顾建华，吴明华. 公共政策工具论视角论述［J］. 科学学研究，2007，25（1）：48-50.

[37] 韩丹. 谈我国体育政策的发展趋势［J］. 体育科学研究，1993（1）：12-17.

[38] 韩会君. 国家青少年体育俱乐部运行机制的研究［J］. 中国体育科技，2006，42（6）：3-6.

[39] 候华伟，林小英. 教育政策工具类型与政府的选择［J］. 教育学术月刊，2010（4）：3-6.

[40] 黄汉升. 美国学校体育的现状与发展［J］. 中国学校体育，1993（6）：70-71.

[41] 黄爱峰，顾渊彦. 体育课程改革的文化审视［J］. 天津体育学院学报，2004，19（2）：4-6.

[42] 黄爱峰，王维，王健，等. 中国学校体育区域互动发展研究［J］. 体育学刊，2006，13（6）：92-95.

[43] 黄爱峰，王健. 学校体育发展的 10 大问题省思［J］. 北京体育大学学报，2015，38（2）：96-99.

[44] 黄爱峰. 体育的未来与未来的体育：《体育的未来》书评［J］. 武汉体育学院学报，2011，45（12）：25-28.

[45] 黄爱峰. 学校考试体育的国际探索与发展［J］. 上海体育学院学报，2020，44（6）：69.

[46] 黄忠敬. 教育政策工具的分类与选择策略［J］. 国家教育行政学院学报，2008（8）：

47-51.

[47] 黄忠敬. 基础教育发展的中国之路 [J]. 基础教育，2017，14（2）：2.

[48] 黄忠敬，吴洁，唐立宁. 中国离 2030 年可持续发展教育目标还有多远—基于义务教育课程标准的分析 [J]. 教育研究，2019，40（2）：140-148.

[49] 胡庆山，王健. 基础体育教育与高等体育教育改革的对接与整合 [J]. 武汉体育学院学报，2005，39（12）：105-107.

[50] 胡庆山. 新课改背景下家长及社区成员参与体育课程实施研究 [J]. 北京体育大学学报，2010，33（2）：89-92.

[51] 胡庆山，曹际玮. 农村学校体育的生态困境及其治理策略 [J]. 北京体育大学学报，2018，41（4）：82-88.

[52] 季浏. 论面向学生的中国体育与健康新课程 [J]. 体育科学，2013，33（11）：28-36.

[53] 季浏. 深化我国基础教育体育与健康课程改革的关键 [J]. 成都体育学院学报，2013，39（10）：1-6.

[54] 季浏. 义务教育体育与健康课程标准修订说明与分析：课程资源开发与利用建议 [J]. 中国学校体育，2012（10）：19-21.

[55] 季浏. 义务教育体育与健康课程标准修订说明与分析：评价建议 [J]. 中国学校体育，2012（9）：24-27.

[56] 季浏. 义务教育体育与健康课程标准修订说明与分析：教学建议 [J]. 中国学校体育，2012（8）：16-19.

[57] 季浏. 义务教育体育与健康课程标准修订说明与分析：课程内容 [J]. 中国学校体育，2012（6）：19-22.

[58] 季浏. 义务教育体育与健康课程标准修订说明与分析：课程目标 [J]. 中国学校体育，2012（5）：14-17.

[59] 季浏. 义务教育体育与健康课程标准修订说明与分析：课程名称和前言部分 [J]. 中国学校体育，2012（3）：15-17.

[60] 季浏. 中国体育发展方式改革的原因探析与政策建议 [J]. 成都体育学院学报，2013，39（1）：1-7.

[61] 季浏. 深化我国基础教育体育与健康课程改革的关键 [J]. 成都体育学院学报，2013，39（10）：1-6.

[62] 季浏.《普通高中体育与健康课程标准》"2017 年版"对"实验版"的继承与发展 [J]. 首都体育学院学报，2018，30（3）：196-203.

[63] 季浏，马德浩. 改革开放 40 年我国学校体育发展回顾与前瞻 [J]. 体育学研究，

2018，1（5）：1-11.
[64] 季浏，马德浩. 新时代我国学校体育改革与发展［J］. 体育科学，2019，39（3）：3-12.
[65] 季浏. 对我国20年基础教育体育新课改若干认识问题的澄清与分析［J］. 上海体育学院学报，2020，44（1）：21-30.
[66] 季浏. 增进学生身心健康是我国学校体育发展的根本和方向——学习贯彻习近平总书记在全国教育大会上的重要讲话精神［J］. 吉首大学学报（社会科学版），2020，41（1）：28-37.
[67] 季晓燕，贾洪洲. 新时期我国体育课程研究与回顾［J］. 体育学刊，2015，22（1）：75-79.
[68] 贾文彤，赵婕. 再论体育法律与体育政策的关系：对体育法学著作内容的进一步阐释［J］. 武汉体育学院学报，2007，41（2）：22-24.
[69] 孔德静. 公共政策制定中的利益群体分析——以怒江水坝计划为例［J］. 社会科学论坛，2011（1）：206-215.
[70] 李长文. 我国公共政策评估：现状、障碍与对策［J］. 兰州大学学报（社科版），2009，37（4）：48-51.
[71] 鲁长芬，陈琦. 从当代体育价值观的转变透视体育本质［J］. 体育文化导刊，2006（6）：26-28.
[72] 鲁长芬，陈琦. 从当代体育价值观的转变透视新时期体育功能［J］. 体育学刊，2000，14（3）：126-129.
[73] 鲁长芬，丁婷婷，罗小兵. 美国青少年身体活动的治理历史、特征与启示［J］. 北京体育大学学报，2019，42（8）：27-36.
[74] 鲁长芬，曾紫荣，王健. 美国《青少年身体活动提高战略》研究［J］. 体育学刊，2017，24（3）：81-86.
[75] 李凤梅. 新时期中小学体育政策法规相关性分析［J］. 中国学校体育，2008（3）：14-15.
[76] 李国华. 20世纪后期国际教育和体育政策的发展与体育课程变革［J］. 体育文化导刊，2005（6）：47-48.
[77] 李小明，马青山，卢华盛. 试论学校体育政策执行力的基本理论与构成因素［J］. 东华理工大学学报（社科版），2010，29（1）：48-50.
[78] 刘斌，张戈. "健康中国2030"背景下学校体育的困境与对策［J］. 体育文化导刊，2019（4）：6-11.
[79] 刘昕. 我国学校体育课程目标的改革与重构——兼论《体育与健康课程标准》［J］. 北京体育大学学报，2005（11）：94-97.

[80] 刘昕. 新中国70年基础教育体育课程改革嬗变与展望 [J]. 北京体育大学学报，2019，42（11）：43-56.

[81] 刘海元. 部分省市落实中央7号文件的现状调查与建议 [J]. 首都体育学院学报，2009，21（4）：388-390.

[82] 刘海元，唐吉平.《关于进一步加强学校体育工作的若干意见》起草过程及内容的解读 [J]. 体育学刊，2014，21（2）：12-19.

[83] 刘玉，方新普. 社会转型期我国体育利益结构的变化及其对体育政策制定的影响 [J]. 天津体育学院学报，2009，24（4）：293-295.

[84] 陆作生. 日本《体育振兴基本计划》研究 [J]. 体育文化导刊，2008（10）：106-108.

[85] 吕恒立，陈晨. 行政改革中的价值重塑与制度重构 [J]. 郑州大学学报（哲社版），2001，34（4）：39-41.

[86] 基维聂米. 政策及其目标：论政策实施的分类 [J]. 国际社会科学（中文版），1987（2）：99-113.

[87] 马宣建. 北京奥运周期的中国体育政策分析 [J]. 成都体育学院学报，2004，30（6）：1-6.

[88] 毛振明. 影响升学考试体育政策实施因素的分析 [J]. 中国学校体育，1996（5）：57-58.

[89] 毛振明，赖天德，陈雁飞，等. 关于完善《体育（与健康）课程标准》的建议（上）：体育课程性质的表述和目标体系的讨论 [J]. 体育学刊，2007，14（3）：1-4.

[90] 毛振明. 论“国家中长期教育改革与发展工作方针”中的学校体育任务（上）[J]. 南京体育学院学报（社科版），2011，25（1）：1-3.

[91] 毛振明. 对第八次体育与健康课程教学改革（前一阶段）的回顾与认识 [J]. 中国学校体育，2009（8）：20-23.

[92] 毛振明，赖天德. 论体育课程教学改革的十大关系 [J]. 中国学校体育，2004（6）：54-56.

[93] 毛振明，杨多多.《“健康中国2030”规划纲要》与学校体育改革施策（一）——目标：青少年熟练掌握一项以上体育运动技能 [J]. 武汉体育学院学报，2018，52（2）：5-10.

[94] 毛振明，邱丽玲，李海燕，等. 通过体育课程改革培养学生社会性和社会适应能力的假说—行政班体育课走向走班制体育课：“班文化”走向“队文化” [J]. 沈阳体育学院学报，2018，37（3）：1-5.

[95] 毛振明. 面向未来，学校体育该如何改［J］. 人民教育，2017（1）：72-74.
[96] 毛振明. 论“国家中长期教育改革与发展工作方针”中的学校体育任务（上）［J］. 南京体育学院学报（社会科学版），2011，25（1）：1-3.
[97] 毛振明. 新中国70年的学校体育成就与新时代的发展方向［J］. 天津体育学院学报，2019，34（6）：461-465.
[98] 毛振明. 近20年中小学体育课程教学改革回顾与反思［J］. 上海体育学院学报，2019，43（3）：1-6.
[99] 毛振明，李捷. 响应全国教育大会号召，让学生在体育锻炼中享受运动乐趣［J］. 北京体育大学学报，2019，42（1）：23-29.
[100] 沈建华. 学校、家庭、社区一体化体育发展的目标、原则与网络［J］. 上海体育学院学报，2001，25（4）：70-73.
[101] 沈建华，肖焕禹，龚文浩. 论学校体育、家庭体育、社会体育三位一体实施素质教育［J］. 上海体育学院学报，2000，24（1）：6-8.
[102] 沈建华，张家喜. 建国60年我国学校体育观的审视与建构［J］. 上海体育学院学报，2009，33（5）：67-69.
[103] 沈建华，李建国，杨学军，等. 社区体育发展新模式：学区体育［J］. 上海体育学院学报，1999，23（4）：50-56.
[104] 沈建华，时维金，万宇. 学生校内身体活动特征透视：上海市小学生“每天一小时校园身体活动”质量分析［J］. 北京体育大学学报，2013，36（4）：94-98.
[105] 沈建华，卢伯春，郑家鲲，等. 体育课程作为学校健康教育主要载体的思考［J］. 上海体育学院学报，2011，35（4）：74-76.
[106] 邵伟德，武超，李启迪. 建国以来九次课改小学体育教材内容变化的特征与动因探讨［J］. 西安体育学院学报，2013，30（2）：237-241.
[107] 杰克逊，王小柱. 全球化与体育政策面临的挑战［J］. 体育学刊，2008，15（1）：34-37.
[108] 唐炎. 主体性与社会身份：关于体育文化认识取向的探讨［J］. 上海体育学院学报，2012，36（2）：18-20.
[109] 唐炎，周登嵩. 社会学视角下的体育课堂文化探究［J］. 体育学刊，2009，16（6）：55-59.
[110] 唐炎，郭礼，李翠兰，等. 从事实出发：运用“黑箱”理论对体育新课程改革的审视［J］. 武汉体育学院学报，2007，41（10）：58-60.
[111] 王健，曹可强，侯斌，等. 新中国青少年业余体育训练的发展阶段与现状［J］. 成

都体育学院学报，2000，26（5）：51-55.

[112] 王健，曹烃. 融合共享：运动弱势学生体育教育改革的时代诉求［J］. 体育科学，2014，34（3）：39-46.

[113] 王健，潘凌云. 人学视域下我国学校体育教育的现实探问与发展路向［J］. 体育科学，2013，33（11）：17-27.

[114] 王健，董国永，鲁长芬，等. 人文主义视野中的美国体育教师专业标准研究［J］北京体育大学学报，2013，36（7）：93-98.

[115] 王健，黄爱峰，季浏. 实用性与唯理性：体育教师教育实践观辨析［J］. 武汉体育学院学报，2007，41（11）：61-64.

[116] 王健，胡庆山. 体育教师参与体育课程实施的影响因素及对策［J］. 上海体育学院学报，2007，31（6）：68-73.

[117] 王健，胡庆山. 以人为本：农村体育“科学发展”的新理念［J］. 北京体育大学学报，2005，28（12）：1602-1609.

[118] 王健，吴晗晗，邓宗琦. 体育教育专业课程改革的背景分析［J］. 华中师范大学学报（自然科学版），2003，37（3）：441-444.

[119] 王健，邓宗琦. 中国近代体育教师教育课程模式的发展［J］. 华中师范大学学报（社科版），2000，39（3）：29-33.

[120] 王健. 高等体育教育专业的发展及其课程体系分析［J］. 华中师范大学学报（社科版），1998，37（6）：121-127.

[121] 王健，王涛，董国永，等. 美国、澳大利亚学校体育外包的实践及经验启示［J］. 北京体育大学学报，2015，38（10）：83-89.

[122] 王家宏，魏磊. 美国中学体育竞赛的特征及启示［J］. 体育学刊，2014，21（6）：113-115.

[123] 王家宏，王维群，陆阿明. 江苏省中学体育教育现状及对策研究［J］. 体育与科学，2002，23（6）：73-75.

[124] 王家宏，蒋国旻. 基础教育体育课程教学改革之审视［J］. 东南大学学报（社科版），2010，12（1）：108-111.

[125] 王家宏，陆阿明，王维群. 江苏中学体育教师基本能力的调查与思考［J］. 体育学刊，2000，7（5）：73-76.

[126] 汪晓赞，尹志华，季浏，等. 国际视域下当代体育课程模式的发展向度与脉络解析［J］. 体育科学，2014，34（11）：3-11.

[127] 汪晓赞，郭强，季浏，等. 中国青少年体育健康促进的理论溯源与框架构建［J］.

体育科学，2014，34（3）：3-11.
[128] 汪晓赞. 治标更需治本：基于体育新课程所面临问题与困难的思考［J］. 体育教学，2009，（12）：42-43.
[129] 汪晓赞，季浏，金燕. 我国中小学体育学习评价改革效果的调查研究［J］. 北京体育大学学报，2009，32（1）：102-108.
[130] 汪晓赞，尹志华，Housner L D，等. 美国国家体育课程标准的历史流变与特点分析［J］. 成都体育学院学报，2015，41（2）：8-15.
[131] 汪晓赞，杨燕国，孔琳，等. 中国儿童青少年体育健康促进发展战略研究［J］. 成都体育学院学报，2020，46（3）：6-12.
[132] 汪晓赞，郭强，金燕，等. 中国青少年体育健康促进的理论溯源与框架构建［J］. 体育科学，2014，34（3）：3-14.
[133] 王华倬. 论我国近现代中小学体育课程的发展演变及其历史经验［J］. 北京体育大学学报，2005，28（7）：937-941.
[134] 王华倬. 论新中国中小学体育课程的演变过程及其发展趋势［J］. 北京体育大学学报，2004（9）：1229-1231.
[135] 王华倬. 全部取消体育加分导向性不好［J］. 教育，2013（19）：28.
[136] 王华倬. 体育课程发展演变“钟摆现象”管窥［J］. 北京体育大学学报，2004，27（5）：658-659.
[137] 王华倬，高飞. 新中国70年学校体育学发展回顾与展望［J］. 北京体育大学学报，2019，42（11）：35-42.
[138] 王瑞祥. 政策评估的理论、模型与方法［J］. 预测，2003，22（3）：6-11.
[139] 王绍光. 中国公共政策议程设置的模式［J］. 中国社会科学，2006（5）：86-98.
[140] 王书彦，孙晓婷. 普通中学体育政策执行力影响因素探析［J］. 北京体育大学学报，2009，32（2）：105-110.
[141] 王书彦. 普通中学体育政策执行力实证研究［J］. 山东体育学院学报，2009，25（6）：88-90.
[142] 项继权. 基本公共服务均等化：政策目标与制度保障［J］. 华中师范大学学报（社科版），2008，47（1）：2-8.
[143] 辛利. 论体育课程与体育教学的若干关系［J］. 天津体育学院学报，2011，26（3）：273-276.
[144] 辛利，刘娟. 对学校体育“健康第一”指导思想的思考［J］. 体育学刊，2013，20（5）：8-10.

[145] 辛利，邓玉兰. 新中国以来我国学校体育目标的衍变与存在问题［J］. 广州体育学院学报，2016，36（1）：113-116.

[146] 肖谋文. 21 世纪我国学校体育政策的情景、问题及优化——基于政策过程的视角［J］. 武汉体育学院学报，2018，52（2）：82-87.

[147] 肖谋文. 从功能演绎到制度变迁：改革开放后我国体育政策的演进［J］. 北京体育大学学报，2012，35（2）：16-18.

[148] 肖林鹏. 我国青少年学生体育需求问题的理论思考［J］. 西安体育学院学报，2012，29（3）：257-261.

[149] 徐金尧，李启迪. 改进与加强我国体育政策研究的思考［J］. 北京体育大学学报，2005，28（3）：303-305.

[150] 徐通，孙永生，张博. 英国“社会投资型国家”体育政策研究［J］. 沈阳体育学院学报，2008，27（5）：28-30.

[151] 许婕. 中国学校体育角色历史审视与定位［D］. 北京：北京体育大学，2013：13-91.

[152] 杨文轩. 认真思考 深化研究 努力实践 推动新时期我国学校体育大发展［J］. 体育学刊，2013，20（5）：1-2.

[153] 杨文轩. 准确理解“新课标”，开创学校体育工作新局面［J］. 中国学校体育，2012（4）：1-2.

[154] 杨文轩. 关于“体育与健康课程标准”修订的思考［J］. 体育学刊，2011，18（5）：1-3.

[155] 杨文轩，陈琦. 略论体育课程内容的发展趋势［J］. 中国学校体育，1995，3（4）：65-66.

[156] 杨文轩. 课程改革背景下学校体育改革与发展研究［J］. 体育学刊，2018，25（5）：1-4.

[157] 杨文轩. 论中国当代学校体育改革价值取向的转换——从增强体质到全面发展［J］. 体育学刊，2016，23（6）：1-6.

[158] 杨文轩，张细谦. 新常态下的体育与健康课程实施［J］. 体育学刊，2015，22（5）：1-4.

[159] 阎智力. 中日两国百年基础教育体育课程目标比较［J］. 上海体育学院学报，2009，33（1）：80-85.

[160] 阎智力，王世芳. 中国百年学校体育思想与课程目标的比较［J］. 辽宁师范大学学报，2009，32（2）：75-78.

[161] 阎智力，金玉光. 中美中小学体育课程目标比较研究［J］. 天津体育学院学报，

2005，20（1）：37-40.

[162] 阎智力，顾渊彦. 实施新课程标准应注意的几个问题［J］. 体育学刊，2004，11（3）：80-82.

[163] 阎智力，顾渊彦. 试论近代日本学校体育课程目标的价值取向［J］. 体育文化导刊，2004（2）：57-58.

[164] 阎智力. 试析新体育课程标准的目标体系［J］. 课程. 教材. 教法，2005，25（10）：69-72.

[165] 阎智力. 义务教育体育课程改革探讨［J］. 体育学刊，2020，27（6）：1-9.

[166] 姚蕾. 对当今学校体育发展与改革的沉思［J］. 南京体育学院学报，2011，21（5）：4-6.

[167] 姚蕾. 新中国成立以来我国体育教学目标、内容与评价的回顾与展望［J］. 体育科学，2004，24（1）：44-47.

[168] 姚蕾. 国民体育素质培育与学校体育改革［J］. 体育科学，2003，23（3）：18-22.

[169] 姚蕾，于平松. 更新体育教育评价观念，实现体育素质教育［J］. 体育教学，2001（2）：9-10.

[170] 姚蕾，吴鹭江. 学校体育传统与风气的构建［J］. 中国学校体育，2001（5）：61-62.

[171] 姚蕾. 中国城市学校体育教育现状与思考［J］. 体育科学，2004，24（12）：68-72.

[172] 姚蕾，许婕. 当代社会背景下中国基础教育阶段学校体育的角色定位［J］. 南京体育学院学报（社会科学版），2016，30（3）：7-10.

[173] 张洪潭. 体质论与技能论的矛盾论：百年学校体育主线厘澄［J］. 体育与科学，2000，21（1）：8-15.

[174] 张洪潭. 体育教学目标研究奠基［J］. 上海体育学院学报，1995，19（2）：1-5.

[175] 张洪潭. 体育教学大纲若干问题析疑［J］. 上海体育学院学报，1995，19（4）：1-5.

[176] 张杰. 次优选择与渐进转轨［J］. 当代经济科学，2000，22（3）：26-30.

[177] 张亲培，催先维. 政策网络中政策工具的选择：问题与对策［J］. 中共长春市委党校学报，2007（5）：46-48.

[178] 张文鹏，王健. 新中国成立以来学校体育政策的演进［J］. 体育科学，2015，35（2）：14-23.

[179] 张文鹏，王健. 让学校体育政策落地生根：基于教育部〔2014〕3 号文的解读［J］. 体育学刊，2015，22（1）：66-69.

[180] 张文鹏，王志斌，吴本连. 健康中国视域下学校体育治理的政策表达［J］. 北京体育大学学报，2018，41（2）：94-100.

[181] 张文鹏，王志斌，潘凌云，等. 中国学校体育政策的形塑路径 [J]. 体育文化导刊，2017 (8)：18-22.

[182] 张文鹏. 民国时期学校体育政策演进研究 [J]. 体育文化导刊，2017 (2)：175-180.

[183] 张文鹏. 英国青少年体育政策的治理体系研究 [J]. 北京体育大学学报，2017，40 (1)：71-77.

[184] 张文鹏. 美国学校体育政策的治理体系研究 [J]. 体育文化导刊，2016 (10)：153-158.

[185] 张文鹏，段莉，周有美，等. 从《政府工作报告》看改革开放以来体育政策的发展变化 [J]. 成都体育学院学报，2020，46 (5)：1-7.

[186] 张文鹏，宣江鑫，谌平. 我国3版义务教育体育与健康课程标准量化比较 [J]. 上海体育大学学报，2024，48 (2)：14-24.

[187] 张文鹏，吴安月，李启迪. 新时代青少年体质健康促进的政府注意力研究：以政策文本为例 [J]. 中国体育科技，2023，59 (12)：25-34.

[188] 张文鹏，段莉，王涛. 地方政府体育治理聚焦与推进的注意力研究——基于31个省(区、市) 政府工作报告的文本分析 [J]. 中国体育科技，2021，57 (7)：78-84.

[189] 张文鹏，杨方正，徐亚楠，等. “理想之治”与“现实之困”：新课标落地执行的政策工具研究 [J]. 体育学刊，2023，30 (1)：81-89.

[190] 张文鹏，李经展，赵子建. 县域学校体育内部治理的演化博弈 [J]. 上海体育学院学报，2022，46 (7)：56-63.

[191] 张文鹏，宣江鑫，谌平，等. 体育与健康跨学科主题教学空间的革新、特征与推进策略 [J]. 武汉体育学院学报，2023，57 (4)：85-92.

[192] 张建华，高嵘，毛振明. 当代美国体育课程改革及对我国的启示 [J]. 体育科学，2004，24 (1)：50-55.

[193] 周登嵩. 国外学校考核评价体育成绩的发展趋势和特点 [J]. 武汉体育学院学报，1981 (2)：43-48.

[194] 周登嵩. 青少年体育视域下的学校体育 [J]. 中国学校体育，2010 (7)：1-2.

[195] 周登嵩. 新世纪我国学校体育改革与发展研究综览 [J]. 首都体育学院学报，2005，17 (3)：1-6.

[196] 周登嵩，刘新民，满东升，等. 中国学校体育50年发展概要与今后走向 [J]. 体育教学，2000 (1)：7-9.

[197] 周登嵩，李林，刘昕，等. 由朦胧到清晰：新《课标》新在何处 [J]. 中国学校体育，2008 (5)：20-21.

[198] 周登嵩，李林，刘昕，等. 本与末的关系：体育新课程有什么功能与价值 [J]. 中

国学校体育，2008（3）：16-17.

［199］周登嵩，李林，刘昕，等．“造器”还是“树人”：体育新课程改革中为什么强调“以生为本”［J］．中国学校体育，2008（2）：20-22.

［200］周登嵩，李林，刘昕，等．与时俱进、顺潮而动：远观体育课程改革的背景［J］．中国学校体育，2008（1）：22-23.

［201］周爱光．日本体育政策的新动向［J］．体育学刊，2007，14（2）：16-19.

［202］周爱光．从体育公共服务的概念审视政府的地位和作用［J］．体育科学，2012，32（5）：64-70.

［203］周业安．中国渐进式改革路径与绩效研究的批评性回顾［J］．中国人民大学学报，2000（4）：27-31.

［204］朱亚鹏．西方政策网络分析：源流、发展与理论构建［J］．公共管理研究，2006，4（1）：205-219.

［205］朱德米．公共政策扩散、政策转移与政策网络：整合性分析框架的构建［J］．国外社会科学，2007（5）：19-23.

英文著作部分

［1］Alexopoulos A. Sports Policy in the European Union from a Cypriot Perspective［M］. London：Lambert Academic Publishing，2010：13-50.

［2］Bloyce D，Smith A. Sport，Policy and Development：An Introduction［M］. London：Routledge，2009.

［3］Hardman K，Green K. Contemporary Issues in Physical Education：International Perspectives［M］. Berkshire：Meyer & Meyer Sport，2011：15-55.

［4］Petry K，Hallmann K. Comparative Sport Development：Systems，Participation and Public Policy［M］. New York：Springer-Verlag，2013：21-73.

［5］Lindsey I，Houlihan B. Sport Policy in Britain［M］. London：Routledge，2012：30-81.

［6］Groeneveld M，Houlihan B，Ohi F. Social Capital and Sport Governance in Europe［M］. London：Routledge，2010：5-61.

［7］Nicholson M，Hoye R，Houlihan B. Participation in Sport：International Policy Perspectives［M］. London：Routledge，2010：7-50.

［8］Bramham P，Hylton K，Jackson D. Sport Development：Policy，Process and Practice［M］. London：Routledge，2007：15-62.

英文论文部分

[1] Agron P, Berends V, Ellis K, et al. School Wellness Policies: Perceptions, Barriers, and Needs Among School Leaders and Wellness Advocates [J]. Journal of School Health, 2010, 80 (11): 527–535.

[2] Allensworth D D, Kolbe L J. The Comprehensive School Health Program: Exploring an Expanded Concept [J]. Journal of School Health, 1987, 57 (10): 409–412.

[3] Chen A. School Environment and Its Effects on Physical Activity [J]. Kinesiology Review, 2015, 4 (1): 77–84.

[4] Brissette I, Wales K, O' Connell M. Evaluating the Wellness School Assessment Tool for Use in Public Health Practice to Improve School Nutrition and Physical Education Policies in New York [J]. Jouranl of School Health, 2013, 83 (11): 757–762.

[5] Burgeson C R, Wechsler H, Brener N D, et al. Physical Education and Activity: Results from the School Health Policies and Programs Study 2000 [J]. Joural of School Health, 2001, 71 (7): 279–293.

[6] Houlihan B. Sport Policy Convergence: A Framework for Analysis [J]. European Sport Management Quarterly, 2012, 12 (2): 111–136.

[7] Houlihan B, Green M. The Changing Status of School Sport and Physical Education: Explaining Policy Change [J]. Sport, Education and Society, 2006, 11 (1): 73–92.

[8] Barroso C S, Kelder S H, Springer A E, et al. Senate Bill 42: Implementation and impact on Physical Activity in Middle Schools [J]. Journal of Adolescent Health, 2009, 45: 82–90.

[9] Bassett D R, Fitzhugh E C, Heath G W, et al. Estimated Energy Expenditures for School-based Policies and Active Living [J]. American Journal of Prerentive Medicine, 2013, 44 (2): 108–113.

[10] Chriqui J F, Eyler A, Carnoske C, et al. State and District Policy Influences on District-wide Elementary and Middle School Physical Education Practices [J]. Journal of Public Health Management and Practice, 2013, 19: 41–48.

[11] Carlson, J A, Sallis, J F, Chriqui, J F, et al. State Policies about Physical Activity Minutes in Physical Education or During School [J]. Journal of School Health, 2013, 83 (3): 150–156.

[12] Chepyator-Thomson, J R. Public Policy, Physical Education and Sport in English-speaking Africa [J]. Physical Education and Sport Pedagogy, 2014, 19 (5): 512–521.

[13] Chrisman M, Nothwehr F, Yang J Z, et al. Perceived Correlates of Domain-specific Physical Activity in Rural Adults in the Midwest [J]. Journal of Rural Health, 2014, 30 (4): 352-358.

[14] Dinold M, Diketmüeller R, Grix, J, et al. Managing Diversity and European Policy: Towards a Typology for Sport Pedagogy [J]. European Journal of Sport Science, 2013, 13 (6): 689-696.

[15] Dyson B. Quality Physical Education: A Commentary on Effective Physical Education Teaching [J]. Research Quarter for Exercise and Sport, 2014, 85 (2): 144-152.

[16] Dvorak J, Baume N, Botré F, et al. Time for Change: A Roadmap to Guide the Implementation of the World Anti-doping Code 2015 [J]. British Journal of Sports Medicine, 2014, 48 (10): 801-806.

[17] Bosscher V D, Shilbury D, Theeboom M, et al. Effectiveness of National Elite Sport Policies: A Multidimensional Approach Applied to the Case of Flanders [J]. European Sport Management Quarterly, 2011, 11 (2): 115-141.

[18] Durant N, Harris S K, Doyle S, et al. Relation of School Environment and Policy to Adolescent Physical Activity [J]. Journal of School Health, 2009, 79 (4): 153-159.

[19] Ekelund U, Luan J A, Sherar L B, et al. Moderate to Vigorous Physical Activity and Sedentary Time and Cardiometabolic Risk Factors in Children and Adolescents [J]. JAMA, 2012, 307 (7): 704-712.

[20] Engelberg T, Moston S, Skinner J. Public Perception of Sport Anti-doping Policy in Australia [J]. Drugs: Education, Prevention and Policy, 2011, 19 (1): 84-87.

[21] Eyler A A, Nguyen L, Kong J Y, et al. Patterns and Predictors of Enactment of State Childhood Obesity Legislation in the United States: 2006-2009 [J]. American Journal of Public Health, 2012, 102 (12): 2294-2302.

[22] Greaney M L, Hardwick C K, Mezgebu S, et al. Assessing the Feasibility of a Multi-Program School-based Intervention to Promote Physical Activity and Healthful Eating in Middle Schools Prior to Wide Scale Implementation [J]. American Journal of Health Education, 2007, 38 (5): 250-257.

[23] Ward G. Learning Movement Culture: Mapping the Landscape Between Physical Education and School [M]. Sport, Education and Society, 2012: 1-36.

[24] Green M, Collins S. Policy, Politics and Path Dependency: Sport Development in Australia and Finland [J]. Sport Management Review, 2008, 11 (3): 225-251.

[25] Goslin A E, Kula D A. Diversity Management in Sport Transformation Contexts [J]. Re-

search Quarterly for Exercise and Sport, 2010, 81 (S1): 96-97.

[26] Green M. Governing Under Advanced Liberalism: Sport Policy and the Social Investment State [J]. Policy Sciences, 2007, 40 (1): 55-71.

[27] Hales D, Stevens J, Murray D M, et al. Identifying State-level Policy and Provision Domains for Physical Education and Physical Activity in High School [J]. The International Journal of Behavioral Nutrition and Physical Activity, 2013, 10 (1): 2-10.

[28] Haug E, Torsheim T, Samdal O. Local School Policies Increase Physical Activity in Norwegian Secondary Schools [J]. Health Rromotion International, 2010, 25 (1): 63-72.

[29] Hoye R, Nicholson M. Social Capital and Sport Policies in Australia [J]. Public Management Review, 2009, 11 (4): 441-460.

[30] Humphreys B R, Sauer R. Guest Editors' Introduction: Sport and public policy [J]. Contemporary Economic Policy, 2007, 25 (4): 483-485.

[31] Jenkinson K, Benson A. Physical Education, Sport Education and Physical Activity Policies: Teacher Knowledge and Implementation in Their Victorian State Secondary School [J]. European Physical Education Review, 2009, 15 (3): 365-388.

[32] Kahan D, Mckenzie T L. Physical Education Policies and Practices in California Private Secondary Schools [J]. Journal of Physical Activity and Health, 2017, 14 (2): 130-137.

[33] Kulinna P H. Models for Curriculum and Pedagogy in Elementary School Physical Education [J]. The Elementary School Journal, 2008, 108 (3): 219-227.

[34] Phillpots L, Grix J. New Governance and Physical Education and School Sport Policy: A Case Study of School to Club Links [J]. Physical Education and Sport Pedagogy, 2014, 19 (1): 76-96.

[35] Lau P W, Chan E C. A Comparison of Australia, Singapore & Hong Kong Sport Policy [J]. Asian Journal of Physical Education & Recreation, 2012, 18 (1): 58-75.

[36] Levy M D, Loy L, Zatz L Y. Policy Approach to Nutrition and Physical Activity Education in Health Care Professional Training [J]. The American Journal of Clinical Nutrition, 2014, 99 (S5): 195-201.

[37] Lounsbery M A F, McKenzie T L, Morrow J R, et al. School Physical Activity Policy Assessment [J]. Jouranl of Physical Activity and Health, 2013, 10 (4): 496-503.

[38] Lounsbery M A F, McKenzie, T L Morrow J R, et al. District and School Physical Education Policies: Implications for Physical Education and Recess Time [J]. Annals of Behavioral Medicine, 2013, 45 (S1): 131-140.

[39] Michael S, Dittus P, Epstein J. Family and Community Involvement in Schools: Results From the School Health Policies and Programs Study 2006 [J]. Journal of School Health, 2007, 77 (8): 567-587.

[40] Mccullick B, Baker T, Tomporowski P, et al. An Analysis of State Physical Education Policies [J]. Journal of Teaching in Physical Education, 2012, 31 (2): 200-211.

[41] Mandarić S, Delibašić V. Sanctions for Doping in Sport [J]. Physical Culture, 2014, 68 (1): 39-49.

[42] Mikhail A, Lyons D, Quinn S, et al. A Framework for Lifelong Involvement in Sport and Physical Activity: The Irish Perspective [J]. Leisure Studies, 2010, 29 (1): 85-100.

[43] Marsh D, Smith M. Understanding Policy Networks: Towards a Dialectical Approach [J]. Political Studies, 2000, 48 (1): 5-21.

[44] Monnat S M, Lounsbery M A F, Smith N J. Correlates of State Enactment of Elementary School Physical Education Laws [J]. Preventive Medicine, 2014, 69: 5-11.

[45] McNamee M J. The Spirit of Sport and Anti-doping Policy: An Ideal Worth Fighting for [J]. Play True, 2013 (1): 14-17.

[46] McCree R. Sport Policy and the New Public Management in the Caribbean [J]. Public Management Review, 2009, 11 (4): 461-476.

[47] MacLean J, Mulholland R, Gray S, et al. Enabling Curriculum Change in Physical Education: The Interplay Between Policy Constructors and Practitioners [J]. Physical Education and Sport Pedagogy, 2015, 20 (1): 79-96.

[48] Nichols G, James M. One Size Does Not Fit All: Implications of Sports Club Diversity for Their Effectiveness As a Policy Tool and For Government Support [J]. Managing Leisure, 2008, 13 (2): 104-114.

[49] Oliveira M S, Bortoleto M A C. Public Sports Policy: The Impact of The Athlete Scholarship Program on Brazilian Men's Artistic Gymnastics [J]. Science of Gymnastics Journal, 2012, 4 (1): 5-19.

[50] Rainer P, Cropley B, Jarvis S, et al. From Policy to Practice: the Challenges of Providing High Quality Physical Education and School Sport Faced by Head Teachers Within Primary Schools [J]. Physical Education and Sport Pedagogy, 2012 (4): 429-446.

[51] Penney D, Brooker R, Hay P, et al. Curriculum, Pedagogy and Assessment: Three Message Systems of Schooling and Dimensions of Quality Physical Education [J]. Sport Education and Society, 2009, 14 (4): 421-442.

[52] Penney D. Playing a Political Game and Playing for Position: Policy and Curriculum Development in Health and Physical Education [J]. Europesn Physical Education Review, 2008, 14 (1): 33-49.

[53] Perna F M, Oh A, Chriqui J F, et al. The Association of State Law to Physical Education Time Allocation in US Public Schools [J]. American Journal of Public Health, 2012, 102 (8): 1594-1599.

[54] Phillpots L, Grix J. New governance and Physical Education and School Sport Policy: A Case Study of School to Club Links [J]. Physical Education & Sport Pedagogy, 2014, 19 (1): 76-96.

[55] Piggin J, Jackson S J, Lewis M. Telling the Truth in Public Policy: An Analysis of New Zealand Sport Policy Discourse [J]. Sociology of Sport Journal, 2009, 26 (3): 462-482.

[56] Raab C D. Understanding policy networks: A Comment on Marsh and Smith [J]. Political Studies, 2001, 49 (3): 551-556.

[57] Ruseski J E, Maresova K. Economic Freedom, Sport Policy and Individual Participation in Physical Activity: An International Comparison [J]. Contemporary Economic Policy, 2014, 32 (1): 42-55.

[58] Robinson L E, Wadsworth D D, Webseter E K, et al. School Reform: The Role of Physical Education Policy in Physical Activity of Elementary School Children in Alabama's Black Belt Region [J]. American Journal of Health Promotion, 2014, 28 (3): 72-76.

[59] Snelling A, Belson S I, Watts E, et al. Measuring the Implementation of a School Wellness Policy [J]. Journal of School Health, 2017, 87 (10): 760-768.

[60] Smith A C T, Stewart B. Drug Policy in Sport: Hidden Assumptions and Inherent Contradictions [J]. Drug Alcohol Review, 2008, 27 (2): 123-130.

[61] Shehu J, Mokgwathi M M. A Discourse Analysis of the National Sport and Recreation Policy for Botswana [J]. Sport Educstion and Society, 2007, 12 (2): 193-210.

[62] Skille E A. State Sport Policy and Voluntary Sport Clubs: The Case of the Norwegian Sports City Program as Social Policy [J]. European Sport Management Qusrterly, 2009, 9 (1): 63-79.

[63] Skille, Åsrum E. Sport as Social Policy: A Conceptual Reflection about Policy Making and Implementation Through the Case of the Norwegian Sports Qty Programmme [J]. International Journal of Applied Sports Sciences, 2009, 21 (2): 1-15.

[64] Sosa J P, Sagas M. Assessing Student Preconceptions of Latinos and Women as Sport Manage-

ment Faculty [J]. Research Quarterly for Exercise and Sport, 2007, 78 (1): 118-119.

[65] Story M, Nanney M S, Schwartz M B. Schools and Obesity Prevention: Creating School Environments and Policies to Promote Healthy Eating and Physical Activity [J]. Milbank Quarterly, 2009, 87 (1): 71-100.

[66] Sun H C, Chen A, Ennis C, et al. Curriculum matters: Situational Interest and Learning in Elementary School Physical Education [J]. Research Quarterly for Exercise and Sport, 2006, 77 (S1): 70-71.

[67] Sam Michael, Jackson Steven J. Developing National Sport Policy Through Consultation: The Rules of Engagement [J]. Journal of Sport Management, 2006, 20 (3): 366-386.

[68] Sam M P. What's the Big Idea? Reading the Rhetoric of a National Sport Policy Process [J]. Sociology of Sport Journal, 2003, 20 (3): 189-213.

[69] Sam M P. The Public Management of Sport [J]. Public Management Review, 2009, 11 (4): 499-514.

[70] Shilbury D, Ferkins L. Professionalisation, Sport Governance and Strategic Capability [J]. Managing Leisure, 2011, 16 (2): 108-127.

[71] Troiano R P, Berrigan D, Dodd K W, et al. Physical Activity in the United States Measured by Accelerometer [J]. Medicine and Science in Sports and Exercise, 2008, 40 (1): 181-188.

后 记

本书是我在北京体育大学做体育政策博士后研究期间的最终成果。在我出站报告答辩通过后，根据专家的宝贵建议对其进行了认真的修改、补充与完善，新增了新时代推动学校体育治理的相关内容。尽管我为将博士后出站报告出版成书投入了全部的精力和智慧，但囿于本人聪颖不足、愚钝有余，书中仍然会存在些许问题。今承蒙出版之际，还望学界诸位方家不吝赐教。

我从进站到出站报告的完成，离不开合作导师池建教授的关怀、培养与悉心指导。池老师平易近人、待人温和、学识渊博，在体育管理、体育政策领域具有丰富的学识、宽广的视野和敏锐的眼光，并指引我进入了学校体育政策比较研究的领域。我的博士后出站报告在选题、思路、框架及写作等方面均得到池老师的悉心指导，凝聚了他大量的心血。特别感谢池老师在站期间给予的充分的信任、宽松的环境和耐心的指导，让我能够在自由和宽松的环境中顺利地完成博士后出站报告的研究与撰写工作。在这本书付梓之际，我诚挚地向恩师池建教授表示衷心的感谢！

感谢我的博士生导师、华中师范大学的王健教授一直以来对我的关怀、指导和鼎力相助。在武汉桂子山求学的三年，是恩师的指导与引领让我顺利地走进了学术研究的殿堂，恩师在学术训练、学术成长的每个关键阶段都给予我耐心的指导和鼎力支持。感谢我的硕士生导师、华南师范大学的谭建湘教授，广州三年求学期间，恩师引领我步入学术研究的大门，尽管毕业多年，但直到现在，恩师仍然对我热情相助。

感谢北京体育大学博士后流动站的各位领导、老师对我的指导和帮助，感谢参与我博士后出站答辩的各位专家，我能够顺利出站、报告最终付梓，离不开各位专家的耐心指导。感谢我原来的工作单位华东交通大学体育与健康学院的各位领导、教师对我的支持和帮助，尤其要感谢华东交通大学体育与健康学院的院长王志斌教授，他既是我的领导，也是我博士毕业后进入交大体院工作期间的青年指导老师。王老师从工作到为人处世都对我教导良多，并在关键时刻给予了鼎力支持，也是我在从教之路上有幸遇到的良师、恩师，我将始终铭记王老师对我的厚爱。

感谢云南师范大学的王德强校长、安学斌副校长、牛志亮副校长，体育学院华致熊书记和袁凤梅副院长在人才引进过程中付出的艰辛努力，正是各位领导敢于担当作为、重视人才和胸怀干事创业的魄力促成了我举家南迁。尽管举家南迁的决定非常不易，但与校领导疫情期间仍为引进人才亲自带队到南昌与我面谈的满满诚意相比，无疑是微不足道的，各位领导的暖心举动深深打动了我，也彻底破除了我南迁的所有疑虑。

另外，也要感谢我的研究生段莉、周有美、李经展、杨方正、宣江鑫等人为我博士后出站报告进行的文献整理和后续校对工作，是他（她）们不辞辛苦的付出让我得以跳出搜寻文献的海洋，能够全力以赴地进行博士后出站报告的研究与撰写工作。

最后，还要特别感谢我的父母、岳父母、爱人和孩子在站期间对我的鼓励，正是他们的理解与大力支持，才让我在繁重的工作之余能够静下心来完成出站报告，没有他们的鼎力支持，难有我的顺利出站和博士后出站报告的修改完善及出版。来日方长，所有人对我的支持和帮助我将永远铭记心中，感恩前行！